MERIAN *momente*

HANNOVER

KNUT DIERS

Zeichenerklärung

 barrierefreie Unterkünfte
 familienfreundlich
 Hunde erlaubt
 Der ideale Zeitpunkt
 Neu entdeckt
Faltkarte

Preisklassen

Preise für ein Doppelzimmer mit Frühstück:

| €€€€ ab 130 € | €€€ ab 90 € |
| €€ ab 60 € | € bis 60 € |

Preise für ein dreigängiges Menü:

| €€€€ ab 50 € | €€€ ab 35 € |
| €€ ab 15 € | € bis 15 € |

HANNOVER ENTDECKEN 4

HANNOVER ERLEBEN 20

HANNOVER ERKUNDEN 54

DAS UMLAND ERKUNDEN 132

HANNOVER ERFASSEN 138

KARTEN UND PLÄNE

HANNOVER ENTDECKEN

Abendstimmung in Linden: die Limmerstraße mit dem Apollo-Kino (▶ S. 105) von 1908.

MEIN HANNOVER

Lockerer denn je fühlen sich die Hannoveraner, sie mögen neuerdings ihre Stadt, genießen die hohe Lebensqualität und können wirklich mehr als nur »reinstes Hochdeutsch«. Und das Schönste: Die Preise sind noch ganz moderat.

Kennen Sie »Re von nah«? So liest sich Hannover rückwärts. Es gefällt mir deshalb, weil es an den hier geborenen Maler und Dichter Kurt Schwitters und seine lockeren Wortspiele erinnert. Es zeigt Nähe und Leichtigkeit. Beides ist typisch für die norddeutsche Stadt. Alles liegt hier dicht beieinander, lässt sich per Fahrrad, zu Fuß oder mit dem Nahverkehr schnell erreichen. Einmal quer durch das Siedlungsgebiet dauert auf dem Drahtesel 30 Minuten. Das ist die Nähe, die auch Fremde immer wieder loben. Alles ist überschaubar. Es ist eine der beliebtesten Großstädte Deutschlands. Zum Wohnen gilt Hannover sogar als »heimliche Perle des Nordens«, denn die Preise sind bezahlbar. Das gilt auch für Besucher, denn es betrifft fast alle Bereiche des Lebens.

◄ Ob zu Fuß, per Rad oder mit dem Bus –
Hannover lässt sich schnell erkunden.

Leichtigkeit verkörpert die Leinemetropole auf vielfältige Weise, denn die Hannoveraner sind schon lange nicht mehr langweilig. Lassen Sie sich ein auf die Entdeckungen in den Stadtteilen, die ich Ihnen ausführlich beschreiben werde. Linden ist die Quelle der Kreativen, die List sprüht vor Lebenslust, und die Südstadt hat ihr Beamtenwitwenimage längst gegen eine familienfreundliche Kiezatmosphäre eingetauscht. Leichtigkeit weht aber auch am Maschsee, dem beliebtesten Ort der Einheimischen. Das maritime Flair, die Palmen am Nordufer und die Naturnähe begeistern die Gäste ebenso. Gleich in der Nähe liegen das Sprengel Museum, eines der bedeutendsten Häuser für moderne Kunst in Deutschland, sowie das erstaunlich frisch gestaltete Landesmuseum mit seinen vielen Kostbarkeiten.

EIN ZENTRUM DES ERFINDERGEISTES

Schätze funkeln auch in anderen Bereichen: Wussten Sie, dass in Hannover das Modedesign zu Hause ist, dass Oper, Ballett, Schauspiel, Kabarett, Comedy und Musik hier zu ganz großer Form auflaufen? Kaum irgendwo gibt es so viele Chöre. Vielleicht verblüfft Sie auch die freie Theaterszene mit ihrer Ausdrucksstärke oder die Tanzfreudigkeit der Hannoveraner. Die Leinestadt ist die heimliche Metropole der Erfinder – von den Ideen des Universalgenies Gottfried Wilhelm Leibniz über den weltweit ersten Motorflieger Karl Jatho bis zur kaum bekannten Manufaktur für Elektrogitarren für die Großen der Szene. Sie ist Spitze in Forschung und Wissenschaft, bei Medizin und Tiermedizin. Sie ist Kioskhauptstadt und wegen ihrer vielen Grünflächen die grüne Mitte Deutschlands. Die Eilenriede stellt das größte Waldgebiet Europas im Herzen einer Großstadt dar, 64 % der Stadtfläche sind unbebaut. Bei Naherholung und Klimaschutz liegt Hannover ganz vorn in Deutschland. Es hat den bedeutendsten Barockgarten Europas. Und in diesen Herrenhäuser Gärten leuchtet ein neues Schloss – schlicht und voller innerer Werte. Es ist auch Ausdruck der engen Verbindung zum englischen Königshaus. Immerhin bestand 123 Jahre lang eine Personalunion mit der Insel. Damals kamen die Royals auf dem britischen Thron von der Leine aus Hannover.

Weltläufigkeit – dazu tragen nicht nur die vielen Messen bei, sondern auch die internationale Szene aus Forschung und Musik, die die Stadt belebt. Spätestens zur Weltausstellung im Jahr 2000 ging ein Ruck durch die hiesige Gesellschaft. Sie traut sich etwas, sie parliert in verschiedenen

Sprachen, sie geht neugierig auf Fremde zu. Die wundern sich dann über das kuriose Brauchtum wie das fleckenfreudige Trinken einer »Lüttjen Lage«. Wo man das üben kann, lesen Sie weiter hinten. Auch das Plattdeutsche erfreut sich neuerdings steigender Beliebtheit.

LACHEN, FEIERN UND GENIESSEN

Aber sobald ich mich irgendwo auf der Welt als Hannoveraner zu erkennen gebe, kommt die Anmerkung mit dem »reinsten Hochdeutsch«, das wir hier sprechen. »Ja«, sage ich dann, »das stimmt, ist aber nicht die einzige Besonderheit.« Hannover lacht und genießt – das ist mein Motto. Am einfachsten lässt sich das an der Feierlaune ablesen: Zu Himmelfahrt ist das Jazzfestival Swinging Hannover der Renner. Das weltgrößte Schützenfest wird seit 1529 hier gefeiert. Zum Maschseefest strömen 2 Mio. Besucher zu den vielen Livebands und Ständen. Im Juni sind die KunstFestSpiele Herrenhausen ein Highlight für Klassik- und Konzertfreunde. Beim Internationalen Feuerwerkswettbewerb treten seit fast 25 Jahren mehrmals im Jahr vor der Kulisse der Herrenhäuser Gärten die weltbesten Teams zum Lichtzauber an. Das Kleine Fest im Großen Garten unterhält im Juli auf 30 Bühnen mit nachhaltigem Lacheffekt die Gäste. Tanztheater international und Kultursommer präsentieren sich liebevoll. Das Fährmannsfest im August wird drei Tage lang in Linden mit rockigen Livebands gefeiert. Und beim Masala Weltbeat Festival zeigt man allen, wie bunt und international es hier zugeht. Zudem ist die Chopin-Musik zum Picknick im Park des Georgengartens eine feste Größe im sommerlichen Terminkalender.

EIN INTENSIV-WOCHENENDE

Angenommen, Sie haben nur ein Wochenende Zeit, dann kommen Sie schon am Freitag und können kostenlos ins Museum gehen. Abends ist Kleinkunst dran oder eines der vielen freien Theater. Da Sie dann vermutlich in Linden sind, gehen Sie in die Wein- und Lachbar. Schon erfüllt sich mein Motto vom Lachen und Genießen. Am Samstag schlendern Sie zwischen 8 und 16 Uhr über den Flohmarkt am Hohen Ufer der Leine. Es ist der älteste Deutschlands, und Sie sind mittendrin in der Altstadt, sehen das Alte Rathaus und die Marktkirche, bevor Sie zum zweiten Frühstück in die Markthalle abtauchen. Da sind Sie kulinarisch auf Weltreise und menschlich auf Nähe unterwegs. Weiter geht es zum Neuen Rathaus: die Stadtmodelle aus vier Zeitepochen betrachten und sich mit dem spektakulären Bogenaufzug in die Spitze begeben. Endlich sehen Sie nun, dass die Rede vom vielen Grün keine Legende ist. Von hier geht es durch den Maschpark zum

Maschsee, vielleicht zu Kurt Schwitters und den vielen anderen Künstlern ins Sprengel Museum. Ein Abstecher in die nahe Südstadt lohnt, schon wegen der freien Theater und der hiesigen Gastronomie. Es lohnt aber auch ein Besuch in der Oper oder im Schauspielhaus. Wer es lieber kulinarisch mag, kehrt am Abend zum See zurück. Ein Abendessen mit Blick über den Maschsee hinüber zum Rathaus – das bietet sehr exklusiv die »Insel« am Südufer. Oder im Sommer auch eine Etage tiefer vom Biergarten aus.

Am Sonntag stehen dann die Herrenhäuser Gärten auf dem Programm sowie das neue Schloss und der famose Berggarten. Ein Schlenker durch die heute von Studenten geprägte Nordstadt liegt nahe. Jetzt ist der Bahnhof nicht mehr weit. Wer noch Zeit hat, macht einen Abstecher in die List. Auf dem Weg liegen feine Galerien, die auch am Sonntag geöffnet sind, und Cafés mit trefflichem Angebot. Alternativ bilden die Eilenriede und der Erlebniszoo einen passenden Abschluss.

DAS »KRÜMELMONSTER« UND DER GOLDENE KEKS

Was Nähe, Leichtigkeit, Lachen und Genuss vereint, ist der Leibniz-Keks – zumindest die kuriose Geschichte vom Diebstahl der Goldfassung von der Jugendstilfassade des Bahlsen-Hauses nahe dem Lister Platz. Als im Sommer 2013 Unbekannte den 20 kg schweren Keks den beiden Brezelbäckerfiguren aus den Händen rissen, schwappten die Nachrichten darüber rund um die Welt. Sogar ein japanisches Fernsehteam drehte einen Film. Schließlich meldete sich ein »Krümelmonster« in einem Bekennerbrief, in bester Schwitters-Manier aus ausgeschnittenen Buchstaben zusammengeklebt, als Dieb. Der Forderung von Keksspenden an ein Kinderkrankenhaus und Geld für ein Tierheim kam die Firma Bahlsen nicht nach, lieferte aber gratis Kekse an 52 soziale Einrichtungen. Bald hing der goldene Leibniz-Keks am Hals des Niedersachsenrosses vor der Leibniz Universität. Das »Krümelmonster« hatte sich unerkannt verkrümelt, aber die Freude über den zurückgegebenen Keks überstrahlte alles. Lachen und Leichtigkeit machten sich breit – typisch Hannover.

DER AUTOR

Knut Diers, 1959 in Hannover geboren, ist als Reisejournalist und Buchautor viel und weit in der Welt unterwegs. Wenn er zurückkommt, sieht er jedes Mal die Stadt mit anderen Augen. Und immer wieder entdeckt der Diplom-Geograf Neues, Verblüffendes und Kreatives. Seit der Weltausstellung im Jahr 2000 hat er das Gefühl, seine Heimat ist endlich wach geküsst.

MERIAN TopTen

Diese Höhepunkte sollten Sie sich bei Ihrem Besuch auf keinen Fall entgehen lassen: Ob Altstadt, Maschsee oder die Herrenhäuser Gärten – MERIAN präsentiert Ihnen hier die wichtigsten Sehenswürdigkeiten Hannovers.

1 Altstadt
Zwischen Marktkirche und Leineufer finden Sie alte Häuser, Läden, Cafés und das Historische Museum (▶ S. 58, 62).

2 Flohmarkt
Jeden Samstagvormittag wird am Hohen Ufer in der Altstadt lustvoll gehandelt und gefeilscht – eine unterhaltsame Begegnung (▶ S. 59, 63, 126).

3 Hauptbahnhof
1879 im Stil der Neorenaissance errichtet und einer der schönsten Bahnhöfe Deutschlands – mit viel Platz davor, zahlreichen Läden und dem reitenden König Ernst August (▶ S. 63).

4 Markthalle
Stürzen Sie sich ins bunte Marktleben! Essen, trinken, shoppen und flirten Sie an den kleinen Bars und Läden im »Bauch von Hannover« (▶ S. 26, 65).

5 Marktkirche
Im 14. Jh. in norddeutscher Backsteingotik ausgeführt ist sie mit ihrem 97 m hohen markanten Turm ein Wahrzeichen der Stadt (▶ S. 65).

6 Neues Rathaus
Der in Europa einzigartige Bogenaufzug führt durch die Kuppel hinauf auf das Dach. Von dort bietet sich ein toller Panoramablick (▶ S. 65, 129).

⭐ Maschsee

Träumend am Ufer sitzen oder am Südrand baden gehen – ein Stadtsee für alle mit Kunst am Wasser und maritimem Flair (▶ S. 80, 129).

⭐ Zoo

Im Erlebniszoo kann man die Tiere in ihren heimischen Landschaften entdecken – Yukon Bay, Sambesi, Dschungelpalast sind die Höhepunkte für tierische Begegnungen (▶ S. 90).

⭐ Herrenhäuser Gärten

Das im Zweiten Weltkrieg zerstörte und inzwischen wieder errichtete Schloss ziert diesen einmaligen Barockgarten. Gegenüber liegen Berggarten, Mausoleum und Sea Life Center (▶ S. 108).

⭐ Sprengel Museum

Die moderne Kunst hat hier ihr Zuhause, nicht selten gibt es spektakuläre Ausstellungen. Innovative Akzente durch den neuen Direktor, kulinarische Genüsse und Ausblicke auf den Maschsee gehören dazu (▶ S. 116, 120, 129).

MERIAN Momente
Das kleine Glück auf Reisen

Oft sind es die kleinen Momente auf einer Reise, die am stärksten in Erinnerung bleiben – Momente, in denen Sie die leisen, feinen Seiten der Stadt kennenlernen. Hier geben wir Ihnen Tipps für kleine Auszeiten und neue Einblicke.

1 DJ Gullyman lauschen · D3

Hannover spielt für Sie kostenlos »Untergrundmusik« – 24 Stunden am Tag. Wenn Sie vom Hauptbahnhof in Richtung Kröpcke gehen, ertönt kurz hinter den Stadtbahnschienen auf halbem Weg zur Info-Box links Musik aus einem Kanaldeckel. »DJ Gullyman« – in Form von zwei CD-Spielern und Lautsprecherboxen – legt hier in der »kleinsten Disco der Welt« für die Passanten auf. Das Programm wechselt mit den Jahreszeiten und wird auf www.gullyman.eu veröffentlicht.

Mitte | Ernst-August-Platz/Bahnhofstraße | Stadtbahn: Hauptbahnhof, Kröpcke

2 Am Wunschring drehen · C3

Manch einer will ständig ein großes Rad drehen. Der Hannoveraner hat es gern etwas kleiner. Am Holzmarktbrunnen vor dem Leibnizhaus in der Altstadt ist ein kleiner Ring in dem schmiedeeisernen Gitter angebracht. Den können Sie drehen! Er ist auch als Wunschring bekannt – Augen schließen und ganz fest an etwas denken. Dann geht es in Erfüllung …

Altstadt | Holzmarkt 4–6 | Stadtbahn: Markthalle

3 Himmlische Erfüllung ✦ C/D 3

»Bestellungen beim Universum«: Notieren Sie Ihren Herzenswunsch auf einem Zettel und hängen Sie ihn an eine Tafel in der Marktkirche links vom Altar. Mittwochs um 12.30 Uhr wird Ihr Wunsch dann in die Andacht einbezogen. Sicher geht er bald in Erfüllung – und Sie sind wunschlos glücklich. Sie können ja mal schauen, was die anderen so für Wünsche haben.

Altstadt | Hanns-Lilje-Platz 11 | Stadtbahn: Markthalle | tgl. 10–18 Uhr

4 Im hohen Bogen hinauf ✦ D 4

Erleben Sie den in Europa einmaligen Bogenaufzug hinauf in die Kuppel des Neuen Rathauses. Bei gutem Wetter reicht der Blick bis zum Harz – sonst bis zum Deister. Ihnen zu Füßen liegt der kleine Maschteich und dahinter der große Maschsee. Auch der futuristische Glasbau der NORD/LB und die Innenstadt sind zum Greifen nah.

Mitte | Trammplatz 2 | Stadtbahn: Aegi, Bus: Rathaus/Osterstraße, Friedrichswall | Kuppelbesuch März–Okt. Mo–Fr 9.30–18.30, Sa, So 10–18.30 Uhr | Eintritt 3 €, erm. 2 €

5 Sterne sind nicht schnuppe ✦ A 4

Der Blick in die Sterne kann glücklich machen. Das weiß jeder, der Antoine de Saint-Exupérys »Der kleine Prinz« gelesen hat. Träumen ist auch in der Lindener Volkssternwarte erwünscht: Manche erkennen Sternbilder, andere sehen Sternschnuppen, alle bemerken einen Hauch Unendlichkeit. Die fachkundige Erläuterung gibt es gratis dazu, und zwar immer donnerstags.

Linden | Zur Sternwarte | Lindener Berg 27 | Stadtbahn: Nieschlagstraße, Bus: Sternwarte | www.sternwarte-hannover.de

6 Spielen und staunen ✦ C 4

Das Museum für Energiegeschichte(n) ist auf einfache Weise unterhaltsam. Die mehr als 1000 Exponate aus der (geschichtlichen) Welt der Elektromaschinen sind schon beim Anschauen »elektrisierend«. Da schnauft etwa das »Waschwunder Elvira«, da leuchtet der Stopfpilz. Unter der Haartrockenhaube aus dem Jahr 1920 möchte man keine Sekunde gesessen haben. Manches lässt sich selbst ausprobieren, vieles wird fachkundig vorgeführt. Das Glück ist

zudem kostenlos und wird mit einer aktuellen Ausstellung gekrönt.

Calenberger Neustadt | Humboldtstr. 32 | Stadtbahn, Bus: Humboldtstraße | www.energiegeschichte.de | Di–Fr 9–16 Uhr, Führung 1. Fr im Monat 14.30–16 Uhr

7 Südseeträume am Strand

B3

Ein Sandstrand, viel Grün und der Kuss von Ihme und Leine – da liegen Sie richtig. Und das mitten im Stadtteil Linden in der Nachbarschaft des Faust-Geländes. Wenn gerade Sommer ist, hat die Bar Strandleben am Ihmeufer geöffnet. Zum Sonnenuntergang hier die Füße in den Sand oder ins Wasser zu halten und einen Cocktail zu trinken – das ist pure Romantik.

Linden | Weddigenufer 29 | Stadtbahn: Glocksee, Königsworther Platz | Tel. 12 35 70 95 | www.spandau-projekt. de | April–Okt. bei gutem Wetter Mo–Fr ab 14, Sa, So ab 12.30 Uhr

8 Picknick am Leibniztempel

A2

Hannoveraner sind wahre Picknickfans. Kein Wunder bei den vielen Möglichkeiten. Holen Sie sich in den Läden der Innen- oder Nordstadt ein paar Leckereien. Dann fahren Sie mit der Stadtbahn zum Georgengarten (oder Sie gehen zu Fuß) und machen es sich mittendrin am Leibniztempel bequem. Innen zwischen den weißen Säulen strahlt die Leibnizbüste aus Carraramarmor Würde aus. Sollte es dort zu voll sein, an den Ufern der Teiche ringsum ist sicher noch Platz. Sitzen, schauen, den Schatten genießen – was für ein (philosophischer) Tag!

Herrenhausen | Nienburger Straße | Stadtbahn: Schneiderberg (dann 200 m nach Westen) oder Appelstraße (dann 200 m nach Süden)

9 Für Weitsichtige mit Biokost

C2

Die Contine im Uni-Hochhaus am Königsworther Platz ist ein weiterer Ort für einen hervorragenden Überblick über Hannover. Klein wie Miniaturen bewegen sich Menschen und Autos ganz weit unten, denn Sie befinden sich im zehnten Stockwerk. Dazu gibt es feinste Biokost »natürlich frisch« zu Tiefstpreisen und vielleicht auch eine nette Plauderei mit den Studenten in der Mensa der Universität, wo Sie auch als Gäste speisen können.

Nordstadt | Königsworther Platz 1 | Stadtbahn: Königsworther Platz | Mo–Fr 8–19.30, Sa 12–13.30 Uhr | Speisepläne: www.studentenwerk-hannover.de/ speiseplaene.html und als App

10 Leinemasch erleben – hören und staunen

südl. F6

Die Leine rauscht, die Störche klappern, und Fische tummeln sich im plätschernden Bachlauf – die Flora und Fauna der Stadtnatur können Sie bei einem Hörspaziergang eindrucksvoll erleben. Der Spaziergang »Leineaue« im Stadtteil Döhren führt beispielsweise eine Stunde lang durch die stadtnahe Natur. Wo es langgeht, sagt einem die Stimme über den Kopfhörer. Dazu kommen die »Darsteller«. Sollte der Storch gerade in Afrika sein, ist er deshalb trotzdem zu vernehmen. Sogar die Fledermausklänge hört man verstärkt und gut dank der Lautsprecher im Ohr. Zum akustischen Genuss von der Tonspur addiert sich fortwährend die optische aus der umgebenden Landschaft – ein verblüffendes Erlebnis.

Es beginnt so: Als Erstes muss der QR-Code am Infopunkt mit dem Smartphone gescannt werden, um die Audiodateien direkt zu erhalten. Unter www.hannover.de und www.tonspur-stadtlandschaft.de können die Dateien auch aus dem Internet heruntergeladen werden. iPhone-Nutzer können zusätzlich die App über iTunes installieren (Suche nach »Eintauchen in Stadtnatur«). Im Freizeitheim Döhren lassen sich auch Audiogeräte mit Kopfhörer ausleihen.

– Start: Infopunkt Neckarstr./Ecke Kastanienallee, Ende: Leinewehr | Stadtbahn, Bus: Kastanienallee
– Freizeitheim Döhren | An der Wollebahn 1 | Stadtbahn: Bothmerstraße, Peiner Straße, Bus: Peiner Straße | Tel. 16 84 91 12 und 92 05 08 96 (Projektbüro Leibniz Universität) | Mo–Fr 8.30–22 Uhr

11 Tierische Begegnung 🐾 östl. F 5

Mal andere Gesichter sehen beim Laufen. Das Joggerherz schlägt in Hannover hoch. Eine Runde durch den 112 ha großen Tiergarten ist besonders reizvoll – dort sind es Hirsche, Rehe oder auch Wildschweine, die einem nachschauen. Der Eintritt ist frei (nicht mit dem Zoo verwechseln!). Das Faltblatt »Laufend in Hannover« ist bei der Touristeninformation erhältlich und klärt über weitere Laufrunden auf.

Kirchrode | Tiergartenstr. 149 | Stadtbahn: Tiergarten | tgl. ab 7 Uhr bis Einbruch der Dunkelheit, Anfang Nov. bis Weihnachten ab 11.30 Uhr | www.hannover.de/Kultur-Freizeit/Naherholung/Natur-entdecken/Wälder/Tiergarten

7

NEU ENTDECKT
Darüber spricht ganz Hannover

Hannover befindet sich stetig im Wandel: Sehenswürdigkeiten werden eingeweiht, es gibt neue Museen, Galerien und Ausstellungen, Restaurants und Geschäfte eröffnen, und ganze Stadtviertel gewinnen an Attraktivität, die Stadt verändert ihr Gesicht. Hier erfahren Sie alles über die jüngsten Entwicklungen – damit Sie keinen dieser aktuell angesagten Orte verpassen.

◄ Im klassizistischen Stil 2013 wieder aufgebaut: Schloss Herrenhausen (▶ S. 17).

MUSEEN UND GALERIEN

Galerie für Fotografie ⚑ E 4

In einer ehemaligen Fabrikhalle werden in wechselnden Ausstellungen die Motive international erfolgreicher Fotojournalisten gezeigt. Auch Arbeiten von »Ikonen der Fotogeschichte« sowie von Studenten und Absolventen des Studiengangs Fotojournalismus und Dokumentarfotografie der Hochschule Hannover sind zu sehen.

Südstadt | Seilerstr. 15 d | Stadtbahn: Schlägerstraße, Marienstraße, Bus: Stolzestraße | www.gafeisfabrik.de | Di 12–20, Mi–So 12–18 Uhr | Eintritt frei

Lumas ⚑ D 3

Die in Berlin gegründete Galerie (mit Niederlassungen in New York, Paris und London) verkauft seit August 2013 mitten im Zentrum handsignierte Ori-

ginalfotografien von rund 160 jungen internationalen Künstlern zu durchaus erschwinglichen Preisen.

Mitte | Luisenstr. 10–11 (in der Kröpcke-Passage) | Stadtbahn: Hauptbahnhof, Kröpcke | www.lumas.de | Mo–Fr 10–19, Sa 10–18, So 13–18 Uhr

Schloss Herrenhausen ⚑ A 1

Die Sommerresidenz der Welfen – 1943 im Krieg zerstört – wurde am Nordrand der Herrenhäuser Gärten 2013 wieder aufgebaut. Das 20-Mio.-Projekt finanzierte in erster Linie die Volkswagenstiftung, um es als Tagungs- und Veranstaltungszentrum zu nutzen. Auf 800 qm zeigt die Außenstelle des Historischen Museums, was Gottfried Wilhelm Leibniz, die Welfen, die barocke Hofkultur, die Geschichte der Gärten und die Personalunion mit England für Hannover bedeuteten. Die Residenz bildete von 1714 an als Barockschloss 65 Jahre lang ein Ensemble mit dem Großen Garten, den Kurfürstin Sophie anlegen ließ. 1819 baute Hofbaumeister Laves das Gebäude im klassizistischen Stil um.

Herrenhausen | Herrenhäuser Str. 5 | Stadtbahn: Schaumburgstraße | www.herrenhaeuser-gaerten.de | April–Okt. tgl. 11–18, Nov.–März Do–So 11–16 Uhr | Eintritt 8 € (inkl. Großer Garten und Berggarten)

ESSEN UND TRINKEN

Café Glücksmoment ⚑ C 3

Gute Laune – Schon die Einrichtung stimmt fröhlich. Frühstück bis 14 Uhr, die edlen Kuchen und Smoothies sind der Hit. Einige Kuchen gibt es am Stiel, sie heißen »Cake Pops«, im Glas »Cup Cakes«. Diese werden auch verkauft, genau wie Porzellan- und Dekoartikel.

Mitte | Knochenhauerstr. 25 | Stadtbahn: Steintor | Tel. 20 30 85 18 | www.gluecksmoment-cafe.de | Mo–Fr 10–18, Sa 10–17 Uhr

Frioli Eismanufaktur ⚑ B 4

Lindens Echte – 80 Sorten Eis, alle handgemacht und ohne künstliche

Aromen oder Farbstoffe, dazu eine umfangreiche Teeauswahl. Für den kleinen Hunger gibt es Waffeln, Crêpes und Flammkuchen.

Linden | Stephanusstr. 8 | Stadtbahn, Bus: Am Küchengarten | Tel. 79 09 66 08 | www.frioli.de | Mo–Sa 12–19, So 14–19 Uhr | €

Kale 🚩 F 5

Türkisch für Fortgeschrittene – Auf zwei Ebenen oder draußen können die Gäste Platz nehmen, den Köchen in die Töpfe schauen und das Lamm im Tontopf genießen. Auch die Beyti-Spieße sind sehr zu empfehlen.

Südstadt | Mainzerstr. 6 b | S-Bahn, Bus: Bahnhof Bismarckstraße | Tel. 22 83 95 00 | www.kale-restaurant.de | tgl. 17–23, So auch 12–15 Uhr | €€

Krimi-Dinner im Zoo 🚩 F 2

Tierisch spannend – »Mord beim Maharadscha« oder »Sherlock Holmes in Yukon Bay« – im Winter öffnet der Zoo an 34 Abenden seine Türen für Krimi-Musicals mit Dinner-Menü.

Zoo | Adenauerallee 3 | Stadtbahn, Bus: Zoo | www.zoo-hannover.de | Nov.–März | 99 € (Karten unter www.feine-dinner-shows.de)

Kurt 16 🚩 C 3

Lizenz zum Hochgenuss – Tagsüber Bistro, abends Gourmetküche, nachts Bar mit riesiger Cocktail- und Whiskeykarte. Fast noch ein Geheimtipp.

Mitte | Kurt-Schumacher-Str. 16 | Stadtbahn: Hauptbahnhof, Steintor | Tel. 12 64 17 | www.kurt16.de | Mo–Sa 9–1, So 9–14.30 Uhr | €€€

Milou 🚩 D 1

Perfekt zu jeder Tageszeit – Vorne stylische Bar und Lounge, hinten ruhiges Restaurant: Frühstück bis 17 Uhr, danach Abendkarte und dazwischen noch Mittagstisch. Neben 100 Cocktails sind auch 20 Weine im offenen Ausschank.

List | Moltkeplatz 11 | Stadtbahn, Bus: Molteplatz | Tel. 90 88 80 70 | tgl. 9–1 Uhr

Schifftaurant 🚩 nördl. D 1

Fisch in seinem Element – Auf dem 50 m langen, 1928 gebauten Schleppleichter wird heute im Schiffsbauch und auf dem Sonnendeck Bodenständiges aufgetischt. Zu empfehlen sind besonders die Fischgerichte und die Weine aus biologischem Anbau. 12 bis 14.30 Uhr preiswerter Mittagstisch, am Sonntag 10 bis 15 Uhr Brunch.

List | Werftstr. 19 | Stadtbahn: Großer Kolonnenweg, Bus: Nordring | Tel. 54 55 80 98 | www.schifftaurant.de | Mo–Sa ab 12, So ab 10 Uhr | €€

SkyBar 6 Sinne 🚩 D 3

Höher geht es nicht – Salate, Flammkuchen und mediterrane Fleischgerichte sind köstlich. Dazu wird gratis der Panoramablick über die Stadt serviert, im Sommer sogar von der Dachterrasse. Längste Bartheke Hannovers!

Mitte | Heiligerstr. 15 | Stadtbahn: Aegi, Steintor | Tel. 47388038 | www.6sinne-hannover.de | tgl. ab 11 Uhr

Trattoria Emilia   E 4

Authentisch – Die Bestellung wird auf die (ökologisch wertvolle) Papiertischdecke geschrieben, an den Wänden sind Rezepte notiert, hängen Schinken und luftgetrocknete Salami, auf einem Hocker thront ein Laib Parmesan – und fast alles stammt vom familieneigenen Betrieb in der Emilia-Romagna. Allein 35 Sorten handgemachte Ravioli mit ungewöhnlichen Füllungen sind im Angebot. Reservierung empfohlen. Südstadt | Bandelstr. 2 | Stadtbahn: Geibelstraße | Tel. 494453 | www.facebook.com/Trattoria.Emilia | Di–So 17.30–22.30, So auch 12.30–15 Uhr | €€

EINKAUFEN

Incorknito   D 2

Überraschendes aus Korkleder: Schuhe, Taschen und sogar Schmuck.

Oststadt | Flüggestr. 14 | Stadtbahn: Sedanstraße, Bus: Wedekindstraße | www.incorknito.de | Mo 14–18.30, Di–Fr 10.30–13, 14–18.30, Sa 10.30–15 Uhr

K3–andersartig   B 4

Taschen aus Feuerwehrschläuchen, schöne Papiere oder Porzellanlampen – drei Designerinnen führen den Laden und vermieten einzelne Regale unter. Linden | Stephanusstr. 9 | Stadtbahn: Am Küchengarten | www.facebook.com/kdreihannover | Mo–Fr 11–18.30, Sa 11–14 Uhr

Malinu 2nd fine clothes   D 3

Nichts erinnert hier an Secondhand, auch nicht der Preis. Da kann ein Kleid immer noch 198 € kosten. Mitte | Königsstr. 55 | Stadtbahn: Thielenplatz | www.malinu.com | Mo–Fr 10–19, Sa 10–16 Uhr

Weitere Neuentdeckungen sind durch dieses Symbol gekennzeichnet.

Kurt 16 (▶ S. 18) nennt sich die neue Feinschmeckeradresse im Hotel Loccumer Hof. Zum empfehlenswerten Restaurant gesellen sich ein Bistro sowie eine Lounge und eine Bar.

HANNOVER ERLEBEN

Maritimes Flair: Filigran schwebt das Restaurant Pier 51 (▶ S. 82) über dem Maschsee.

ÜBERNACHTEN

*Schönes Design, gute Lagen und überraschende Extras –
die Hotels der Stadt bieten für jeden Geldbeutel und Geschmack
genau das Passende, und das nächste Grün liegt stets so nah.
Fenster mit Aussicht sind keine Seltenheit.*

Das Angebot glänzt mit Vielfalt, die besticht. Schon die Innenstadt bietet eine große Fülle an Hotels. Rund um den Bahnhof funkeln Zwei- bis Fünf-Sterne-Angebote. Selbst renommierte Häuser sind – verglichen mit anderen deutschen Städten – preisgünstig. Wer auf Grün steht, sollte sich Richtung Maschsee orientieren. Sogar die Jugendherberge, die in der Nähe liegt, hat modernes Flair. Fast alle zentralen Hotels sind frisch renoviert und setzen auf besonderes Design, manche haben Szenetreffs im Haus. Themenzimmer sind im Trend – das Viva Creativo in Bothfeld, das Avalon in der List und der Loccumer Hof in Mitte bieten sie schon.

Wer nicht gerade zur Computermesse CeBIT im März kommt, wird ohne Probleme ein preiswertes, angenehmes Hotelzimmer finden. Zur Messe aber verdreifachen viele Hoteliers schamlos ihre Zimmerpreise. Kleiner Tipp: Am Wochenende liegen die Tarife oft niedriger als unter der Woche.

◀ Fünf-Sterne-Luxus in Hannover: Junior-
suite im Kastens Hotel Luisenhof (▶ S. 25).

Das Verblüffende: Hannover hat die Zahl seiner Übernachtungen innerhalb der vergangenen zwölf Jahre verdoppelt. 2013 blieben 2,1 Mio. Gäste
über Nacht – die Stadt gewinnt offenbar an Attraktivität. Dazu tragen
»Erlebnispakete« des Stadtmarketings bei. Die Tickets für den internationalen Feuerwerkswettbewerb, die Kunstfestspiele, für GOP oder Winter-
varieté sowie kulinarische Höhepunkte sind dabei mit der Unterkunft
kombiniert. Das kann oft günstiger sein, als alles einzeln zu buchen. Auch
Hotels werden erfinderisch: Einige bieten gratis zur Übernachtung ein
Tagesticket für Busse und Bahnen an, kostenlose Fahrräder oder ein Gra-
tisauto ab vier Nächten. Möblierte Stadtwohnungen lassen sich über Pri-
vatanbieter mieten. Ansonsten ist die Zimmervermittlung in der Touris-
musinformation am Ernst-August-Platz die ideale Anlaufstation, auch
online kann über www.visit-hannover.com gebucht werden.

BESONDERE EMPFEHLUNGEN

Avalon Hotel ◪ E 1

Für Globetrotter – Etwas versteckt in
einem Wohnhaus laden Themenzimmer zur Weltreise ein und führen über
»Paris«, »Afrika« und »Indien« in die
»Buddha Suite«. Im Zimmer »Strand«
kann man im Strandkorb entspannen.
Für Raucher steht eine Lounge zur Verfügung, und einige Spezialzimmer sind
für Allergiker geeignet. Mineralwasser,
Kaffee und Tee sowie Telefonate ins
deutsche Festnetz, WLAN und Inter-
netnutzung sind kostenfrei.
Oststadt | Ferdinand-Wallbrecht-Str. 10 |
Stadtbahn, Bus: Lister Platz | Tel. 62 62
63 38 | www.avalon-hannover.de |
15 Zimmer, 1 Apartment | €€

Cityhotel am Thielenplatz ◪ D 3

Für Nachtschwärmer – Die zentrale
Lage zwischen Schauspielhaus und
Hauptbahnhof ist nicht das einzige Ar-
gument für dieses Haus. Warme Farben
schaffen eine freundliche Atmosphäre,
die Einrichtung ist modern und frisch.
Es wurde sogar schon mal eine Oper an
diesem Ort aufgeführt. Seitdem gilt das
Anwesen der beiden Brüder Alexander
und Nicolai Schreiber als Kulthotel.
Das Szenelokal **Minibar** unten im Haus
ist ein beliebter Treff, abends als Cock-
tailbar mit rhythmischer Musik unter-
legt. WLAN kostenlos.
Mitte | Thielenplatz 2 | Stadtbahn:
Thielenplatz | Tel. 3 27 6 91 | www.smart
cityhotels.com | 85 Zimmer | 🐕 | €€

Courtyard by Marriott ◪ C 4

Seeblick – Das einzige Hotel am
Maschsee, und die Aussicht aus den
modernen Zimmern überzeugt. Der
See liegt einem direkt zu Füßen. Im
Haus wird eine gute Küche geboten,
der Service ist freundlich, es herrscht
viel Flair. Manchmal sind Fußballpro-
mis zu Gast. Innenstadt und Altstadt
sind zu Fuß schnell erreichbar.

Südstadt | Arthur-Menge-Ufer 3 | Stadtbahn: Aegi, Bus: Rathaus, AWD-Arena | Tel. 36 60 00 | www.courtyard hannover.de | 144 Zimmer, 5 Suiten | ♿ | 🐕 | €€€

Grand Hotel Mussmann ⚑ D 3

Mittendrin – Gleich gegenüber dem Hauptbahnhof zentral am Ernst-August-Platz gelegen, bietet dieses Haus dank der Schallstoppfenster ein absolut ruhiges Übernachten. Die Nichtraucherzimmer und Suiten sind in unterschiedlichen Ausstattungen zu mieten, und alle verfügen über Himmelbetten. Auch wer nur ein paar Nächte bleiben will, ist hier gut aufgehoben.

Mitte | Ernst-August-Platz 7 | Stadtbahn: Hauptbahnhof, Kröpcke | Tel. 3 65 60 | www.grandhotel.de | 140 Zimmer | ♿ | €€€€

Haus Martens ⚑ E 1

Guter Service – Eine Jugendstilvilla mit hohen Räumen und großen Fenstern im Herzen der List, umgeben von Jugendstil- und Klassizismushäusern. Die Fußgängerzone Lister Meile und die Eilenriede sind zu Fuß ebenso schnell zu erreichen wie zahlreiche Restaurants, Bars, Kneipen und Bistros.

List | Waldstr. 38 a | Stadtbahn, Bus: Lister Platz | Tel. 96 57 70 | www.hotel-martens.de | 35 Zimmer | 🐕 | €€

Hotel Herrenhausen 👫 ⚑ westl. A 1

Kinder willkommen – Sea Life Center, Berggarten und die Herrenhäuser Gärten liegen quasi vor der Haustür, was kann einem Besseres in Hannover passieren? Die Familienzimmer präsentieren sich hell und freundlich, und es gibt Gratisparkplätze für Hotelgäste.

Herrenhausen | Markgrafstr. 5 | Stadtbahn: Herrenhäuser Markt, DB-Bahnhof Leinhausen | Tel. 7 90 76 00 | www.hotel-in-herrenhausen.de | 44 Zimmer | ♿ | 🐕 | €€

Hotel im Ahrberg Viertel ⚑ B 4

Gut und günstig – Auf dem Gelände der ehemaligen Wurstfabrik Ahrberg (▸ S. 98), mittendrin im spanischen Viertel, bietet das kleine Hotel viel Ruhe. Einige einfache, aber gute spanische und portugiesische Restaurants sind in der Nachbarschaft. Hier findet man auch zahlreiche Künstler, Designer und alternative Klubs.

Linden | Ilse-ter-Meer-Weg 7 | Stadtbahn: Krankenhaus Siloah, Bus: Charlottenstraße | Tel. 21 97 83 50 | www.hotel-ahrberg-viertel.de | 12 Zimmer | ♿ | €

Hotel Viva Creativo 👫 ⚑ nordöstl. F 1

Individuell – 63 verschiedene Themenzimmer, die so lustige Namen wie »Bullerjan Traumofenzimmer« oder »Kleine Farm« haben, überraschen den Gast. Dazu passt das reichhaltige Frühstücksbüfett mit vielen Bioprodukten. Ein Wellnessbereich mit Sauna sowie das Restaurant **La Vivezza** mit mediterraner Küche gehören zum Haus, das etwas außerhalb im Nordosten von Hannover liegt. Kostenlos sind Tee und Mineralwasser im Wellnessbereich und Äpfel wie auch der Verleih von DVD-Filmen. Noch ein Clou des Viva Creativo: Gäste bis zwölf und ab 80 Jahren wohnen im Familienzimmer gratis.

Bothfeld | Im Heidkampe 80 | Bus: Gernssstraße | Tel. 6 47 75 50 | www.viva-creativo.de | 63 Zimmer | ♿ | 🐕 | €€€

Kastens Hotel Luisenhof 🏨 D 3

Erste Adresse – Das einzige Fünf-Sterne-Hotel der Stadt mit einer mehr als 150-jährigen Geschichte befindet sich zentral zwischen Oper und Hauptbahnhof. Mit großem Wellness- und Fitnessbereich ausgestattet, hat das Haus einen ruhigen Charme von Luxus. Ob nun Prinz Ernst August kommt oder Arnold Schwarzenegger, sie alle schätzen die zurückhaltende Eleganz.

Mitte | Luisenstr. 1–3 | Stadtbahn: Hauptbahnhof, Kröpcke | Tel. 3 04 40 | www.kastens-luisenhof.de | 138 Zimmer, 7 Suiten | ♿ | 🐕 | €€€€

Loccumer Hof 🏨 D 3

Trendy – Auf Weltreise begibt sich, wer sich hier für ein Deluxe-Themenzimmer entscheidet. In dem Innenstadthotel liegen Afrika, Alaska und Asien nur ein paar Meter voneinander entfernt. Auch nach Feng Shui und den vier Elementen wurden Zimmer neu gestaltet. Trend-Bar **Kurt 16** (▶ S. 18) im Haus.

Mitte | Kurt-Schumacher-Str. 14/16 | Stadtbahn: Hbf | Tel. 1 26 40 | www.loccumerhof.de | 97 Zimmer | €€€€

Mercure Hotel Hannover City 🏨 D 4

Jugendstiljuwel – Diese viergeschossige Villa zwischen Altstadt und Maschsee verfügt über modern ausgestattete Zimmer mit Klimaanlage und WLAN. Landesmuseum, altes Rathaus und Kestner-Museum sind in Blickweite, auch zum Maschsee ist es nicht weit. Es steht ein hoteleigenes Parkhaus zur Verfügung.

Mitte | Willy-Brandt-Allee 3 | Stadtbahn: Aegi, Bus: Rathaus-Bleichenstraße | Tel. 8 00 80 | www.mercure.com | 145 Zimmer | ♿ | 🐕 | €€€

Preise für ein Doppelzimmer mit Frühstück:

€€€€	ab 130 €	€€€	ab 90 €
€€	ab 60 €	€	bis 60 €

Träumen von den Figuren Walt Disneys, schlafen in Bothfeld – das Themenzimmer »Comic« im Hotel Viva Creativo (▶ S. 24). Im Familienzimmer zahlt nur, wer über zwölf Jahre alt ist.

ESSEN UND TRINKEN

*Was sich aus Kohl, Kartoffeln und Spargel aus der Region
so zaubern lässt, zeigen die Spitzenköche jeden Tag. Sie können
aber auch anders: etwa mediterran oder asiatisch. Auf dem
Vormarsch sind Biokost, Röstereien und »Hitjepuppen«.*

Raffinesse zählt. Eine typische Lindener Kneipe bietet beste Thai-Küche,
ein Teehaus in der List überrascht mit Suppenvielfalt und kreativen Räumen, ein französischer Patissier verwöhnt mit Tartes und Torten. Den Feinschmecker erwarten Restaurants in alten Reitställen, historischen Laves-
Bauten und an Wohnzimmer erinnernden Räumen. Das Nischenlokal
steht im Rampenlicht. Außerdem zieht eine neue Kochlust durch Hannover: Slow Food, regionale und saisonale Produkte sind da. Alles ist viel kre-
ativer, frischer, qualitativ besser als noch vor ein paar Jahren. Selbst die
städtische Küche des Parkrestaurants HCC am Stadtpark setzt auf Biokost.
Einen passenden Ein- und Überblick liefert der »Bauch von Hannover« –
die **Markthalle** ★. Hier vermischen sich an den kleinen Bars und Läden
Urlauber, Einkäufer, Politiker, Geschäftsleute, Arbeitnehmer in der Mit-
tagspause oder nach Feierabend zu einem lustigen Gedankenaustausch

◀ Im exklusiven Funky Kitchen (▶ S. 28)
kocht Jens-Peter Fiene mit hohem Anspruch.

bei Kaffee, Wein oder Bier. Dazu isst der Hannoveraner gerne ein Relikt aus alter Zeit – Feuerwehrmarmelade. Es handelt sich dabei um Mett auf einem Brötchen, garniert mit Zwiebeln. Dazu wird oft ein lokales Bier getrunken: Herrenhäuser oder Gilde-Bier. Eigene Sorten schenken die Brauhäuser Ernst-August und Meyers Lebenslust aus.

Typisch für den Herbst und Winter sind Grünkohl mit Pinkel oder Bregenwurst. Die Fleischbrühe mit Eierstich und Nudeln heißt hier Hochzeitssuppe. Da auf den sandigen Böden der Umgebung die Kartoffel prächtig wächst, landet sie häufig und variantenreich auf dem heimischen Teller. Doch so schwer manches im Magen liegen mag, die jungen Köche schaffen es, Tradition und regionale Produkte mit Leichtigkeit zu kreuzen.

LIEFERANTEN WERDEN GENANNT

Von Mitte April bis zum 24. Juni kommt vor allem Spargel auf den Tisch und liefert eine lukullische Vorlage für neue Kreationen. Etwa ein Fünftel der deutschen Ernte stammt aus der Gegend vor den Toren Hannovers (Burgdorfer und Nienburger Spargel), und kaum ein Lokal lässt sich zur Saison Spargelgerichte entgehen. Die Küche für höchste kulinarische Genüsse zieht sich in der Stadt durch alle Preiskategorien. Sie setzt auf nachhaltige Produkte und ist nicht unbedingt fleischlos. Doch neuerdings wird in der Speisekarte gern erklärt, von welchem Bauernhof das Rind oder Schwein kommt. Darauf legt der Gast zu Recht auch Wert.

Das Gersterbrot ist eine andere einheimische Spezialität mit kräftigem Geschmack, in Blockform und mit dunkler Sprenkelung in der Kruste. Von »gerstern« (im Ofenfeuer bräunen) kommt auch das Wort, nicht von der Gerste, die darin nicht zu finden ist. Das Brot enthält rund 80 % Roggen, 20 % Weizen und Sauerteig. Die glänzende Oberfläche entsteht, weil der Laib vor dem zweiten Backen mit einer Kochsalzlösung bestrichen wird.

Die »Welfenspeise« ist hier ebenfalls zu Hause. Es ist ein gelb-weißer Pudding, angelehnt an die Farben der Welfen. Weinschaum und Eischnee gehen eine Verbindung mit Milch, Zucker, Stärkemehl und Milch ein. Das ist etwa so süß wie der typische Butterkuchen, der vielerorts nachmittags zum Kaffee gereicht wird. Hannoverscher Baumkuchen gehört ebenfalls auf den Tisch. Ebenso sind »Hitjepuppen« gefragt. Das sind althannoversche Zuckerbilder. Bis in die 1940er-Jahre hatte die Tradition vor allem im Advent Bestand. Das Rezept des Pfefferkuchenteigs ist ein Geheimnis.

Neu im Trend sind Bio-Kaffeeröstereien in fast jedem Stadtteil: etwa die 24grad-Kaffeerösterei in der Nordstadt, Ulbrichs Kaffeehaus in der Südstadt, Camolini in der List oder die Hannoversche Kaffeemanufaktur in Linden-Limmer. Auch in der Markthalle wird neuerdings frisch geröstet. Schon allein der Geruch betört die Sinne. Nicht verpassen: Essen mit Aussicht. Das geht bestens vom bell'Arte, Pier 51 oder Die Insel aus auf den Maschsee und von der SkyBar 6 Sinne auf die ganze Stadt.

Es gibt noch etwas Typisches: das Trinken einer »Lüttjen Lage«. Mit Daumen und Zeigefinger wird ein kleines Glas mit dem speziellen Bier darin gehalten. Mittel- und Ringfinger derselben Hand umgreifen ein Schnapsglas mit ortsüblichem Weizenkorn. Die Kunst besteht darin, beide Gläser gleichzeitig so in den eigenen Mund zu leeren, dass der Korn mit dem Bier darin verschwindet und nicht auf dem Hemd. Das Ganze nennt sich bezeichnenderweise »Hannover-Taufe«.

BESONDERE EMPFEHLUNGEN

Altes Jagdhaus · östl. F 6

Für Feinschmecker – Im Laves-Bau von 1852 kommt feinste deutsche Küche der Saison auf den Teller. Auch in Vergessenheit geratene Gerichte wie Kalbskopf, Niere oder Zunge werden serviert. Sternekoch Joachim Stern bietet dazu exzellente deutsche Weine. Reservierung erforderlich.

Mittelfeld | Vor der Seelhorst 111 | Stadtbahn: Am Mittelfelde | Tel. 228 45 23 | www.joachimstern.de | Di–So ab 18 Uhr | €€€€

Azurro · D 1

Wie bei Freunden – Sehr persönliche Bedienung an sechs Tischen auf zwei Ebenen – dazu werden ausgewählte saisonale Gerichte, vor allem französisch angehaucht, serviert. Wohlfühlen in der Wohnzimmeratmosphäre.

List | Voßstr. 51 | Stadtbahn: Lister Platz, Bus: Jakobistraße | Tel. 66 63 22 | www.azurro.de | Mo–Sa ab 18, Mo–Do auch 11.30–14 Uhr | €€

Basil · D 1

Kreative Küche – Im ehemaligen Reitstall sitzen die Gäste unter dem historischen Kreuzgewölbe beisammen. Es kommen köstliche Menüs mit euroasiatischen, pazifischen und regionalen Einflüssen auf den Tisch.

List | Dragonerstr. 30 | Stadtbahn: Dragonerstraße | Tel. 62 26 36 | www.basil.de | Mo–Sa ab 18.30 Uhr | €€€

Funky Kitchen · südöstl. F 6

Gute Lage – Im belgischen Pavillon auf dem Expo-Gelände wird auf der oberen Etage gehobene Küche zelebriert. Kunstvolles Interieur, großzügige Außenterrasse mit Blick über den Kronsberg. Da der Produzent und DJ Mousse T. unten ein internationales Tonstudio (Peppermint Park) betreibt, sieht man hier auch öfters bekannte Musiker.

Mittelfeld | Boulevard der EU 8 | Stadtbahn: Messe/Ost | Tel. 768 60 30 | www.funky-kitchen.de | Mo–Sa 18–22, Mo–Fr auch 12–14 Uhr | €€€€

Mezzo   D 2

Klassiker zum Verabreden – Bunte Gästeschar vom Studenten bis zum Banker nimmt im neu gestalteten Pavillon Platz. Es werden auch kleine Gerichte serviert. Frühstück bis 16 Uhr.
Oststadt | Lister Meile 4 (Pavillon) | Stadtbahn: Hauptbahnhof, Sedanstraße | Tel. 31 49 66 | www.cafemezzo.de | So, Mo 9–24, Di–Do 9–2, Fr, Sa 9–3 Uhr | €

Pâtisserie Elysée

Vom Allerfeinsten – Ein echter Patissier bereitet fruchtige Tartes und cremige Torten. Der Renner ist die Herbstblatt-Torte mit Mousse au Chocolat.
www.patisserie-elysee.de | Mo–Fr 8–18, Sa, So 9–17 Uhr | €
– Oststadt | Lister Meile 26 | Stadtbahn: Hauptbahnhof, Sedanstraße | Tel. 94 01 04 95   D 2
– Nordstadt | Scheffelstr. 1 / Ecke Engelbosteler Damm | Stadtbahn: Christuskirche | Tel. 65 52 28 15   C 2

Wollen Sie's wagen?

Ein regionales Leibgericht ist der Calenberger Pfannenschlag. Diese fetthaltige Grützwurst besteht aus Schweine- und Rindfleisch, gewürzt mit Nelke, Ingwer und Koriander. Das »Arme-Leute-Essen« von früher wird heute als Spezialität mit Kartoffeln und sauren Gurken serviert. Die lose Wurst schmeckt besser, als sie aussieht – versuchen Sie eine Portion im Broyhan Haus (▶ S. 67).

– Mitte | Joachimstr. 6 | Stadtbahn: Thielenplatz | Tel. 93 66 17 15 00   D 3

Weitere empfehlenswerte Adressen finden Sie im Kapitel **HANNOVER ERKUNDEN**.

Preise für ein dreigängiges Menü:

€€€€	ab 50 €	€€€	ab 35 €
€€	ab 15 €	€	bis 15 €

Croissants, Torten, Petits Fours – Serge Maranzana, Maître der Pâtisserie Elysée (▶ S. 29), lernte sein Handwerk in Paris und kreiert original französische Feinbackwaren und Confiserie.

Grüner reisen
Urlaub nachhaltig genießen

Wer zu Hause umweltbewusst lebt, möchte vielleicht auch im Urlaub Menschen unterstützen, denen ein verantwortungsvoller Umgang mit der Natur am Herzen liegt. Empfehlenswerte Projekte, mit denen Sie sich und der Umwelt einen Gefallen tun können, finden Sie hier.

Hannover ist die grünste Stadt Deutschlands. Fast die Hälfte des Stadtgebiets besteht aus Grünflächen. Schlaue Statistiker haben errechnet: Auf jeden Hannoveraner entfallen 56 qm öffentlich zugängliches Grün. Zum Vergleich: In München sind es nur 32 qm, in Hamburg 34 qm. Großen Anteil hat die Eilenriede. Sie ist der bedeutendste citynahe Stadtwald in Europa. Für den Gast ist Radeln die beste Art, Hannover zu entdecken. 530 km Radwege sind vorhanden. Besonders grün, oder besser gelb, wird das Stadtbild im Frühling: Mehr als 500 000 Narzissen und Krokusse blühen dann entlang der Hauptverkehrsstraßen und in den Parkanlagen. Seit 1991 lässt die Stadt diese Blütenpracht ständig vergrößern.

Auch das Bus- und Stadtbahnnetz ist äußerst komfortabel. Die Üstra erfüllte als erstes deutsches Verkehrsunternehmen die Anforderungen der EG-Öko-Audit-Verordnung Umweltmanagement. Die Verkehrsmittel genießen Vorrang bei der Ampelschaltung, Fahrräder können abends und am Wochenende kostenlos mitgeführt werden. Die HannoverMobil-

Card verbindet zudem das Abo für den Nahverkehr mit Carsharing, BahnCard und Service rund ums Fahrrad. Jährlich wird im Mai ein autofreier Sonntag organisiert. Der durch Strom- und Wärmeverbrauch verursachte Kohlendioxidausstoß soll bis 2020 in der Region Hannover um weitere 40 % gegenüber dem Wert von 1990 gesenkt werden. Und im Stadtteil Wettbergen entstehen derzeit rund 330 Häuser in Passivbauweise – die größte Null-Emissions-Siedlung Europas.

Hannover ist auch »Fair-Trade-Stadt« und hat so zu Rom oder San Francisco aufgeschlossen. In mehr als 60 Geschäften, 31 Cafés und Restaurants geht es »fair« zu. Die Produkte von Tee über Schokolade bis Kunsthandwerk müssen unter korrekten Arbeitsbedingungen hergestellt und angemessen entlohnt werden. Esslokale, die Öko-Lebensmittel verwenden, erleben einen Boom. Schon 1955 eröffnete hier das erste vegetarische Lokal Deutschlands. Kantinen, Schulen und rund 20 Restaurants beteiligen sich am »Veggietag« und bieten mindestens einmal in der Woche vegetarische Gerichte an (www.veggietag-hannover.de).

ÜBERNACHTEN

Schlafgut Hotel im Werkhof   B1

Das Hotel gehört zum ökologischen Gewerbe- und Tagungszentrum Werkhof. Dabei handelt es sich um ein sehr gelungenes Beispiel für die umweltverträgliche Umnutzung einer ehemaligen Industriebrache mitten in Hannovers Nordstadt. Das Restaurant **Zwischenzeit** (▶ S. 111) sowie ein Sport- und Gesundheitszentrum mit Kletterhalle gehören ebenfalls dazu. Unter 30- und über 65-Jährige bekommen Nachlass.

Nordstadt | Kniestr. 33 | Stadtbahn: An der Strangriede, Bus: Kopernikusstraße | Tel. 353560 | www.werkhof-nordstadt. de | 39 Zimmer | €€

ESSEN UND TRINKEN

Café Gleichklang   D4

Vom Frühstück, Mittagessen über Kaffee und Kuchen bis zum Abendessen ist alles vegan und (fast alles) bio. Die warme Küche ist thailändisch geprägt. Südstadt | Marienstr. 38 | Stadtbahn: Aegi | Tel. 3356805 | www.cafe-gleich klang.de | Di–Fr 10–18, Sa 10–17, So 10–15 Uhr | €

Carrots & Coffee   D2

Vegetarisches und veganes Biocafé und -restaurant mit einer großen Auswahl an Kaffee, Tee und Kakao. Die kreative Küche bringt Veggieburger, Dinkel-Flammkuchen und andere originelle Spezialitäten auf den Tisch. Allergiker und Menschen mit Gluten-Empfindlichkeit werden hier bestens bedient.

List | Wedekindplatz 1 | Stadtbahn: Sedanstraße, Bus: Wedekindstraße | Tel. 8489871 | www.carrotsandcoffee.de | Mo–So 9–20 Uhr | €

Hiller Vegetarisches Restaurant   D3

Dies ist das erste vegetarische Restaurant Deutschlands und wurde bereits 1955 eröffnet. Vor einigen Jahren renoviert, wirkt es hell und locker. Gekocht wird mit Lust und quer durch alle Esskulturen. Kurios: Der Inhaber selbst ist gar kein Vegetarier. Der 1892 gegründete Vegetarierbund Deutschland e.V. (VEBU) hat hier seinen Sitz.

Mitte | Blumenstr. 3 | Stadtbahn: Thielenplatz, Bus: Lavesstraße | Tel. 32 12 88 | www.hiller-restaurant-online.de | Mo–Sa 12–15, 18–23 Uhr | €€

Weinundlachbar ⚑ B 4

Frau Weiß weiß Bescheid. Schließlich ist sie Sommelière und Wein-Akademikerin. 50 Weine, fast alle sind biozertifiziert, stehen im offenen Ausschank zum Entdecken bereit. Hinzu kommen rund 20 exklusive Flaschenweine. Samstags ab 18 Uhr kann jeder beim Weinbüfett für 15 € so viel probieren, wie er verträgt. Kleine, feine Speisen schmeicheln dem Gaumen.

Gleich um die Ecke hat die Weinkennerin am Lichtenbergplatz 2 zusätzlich den Laden **frau weiß Kostprobe** eröffnet. Dort sind kleine Speisen und große Weine zu kaufen. Und es gibt Weinproben zum kleinen Preis.

Linden | Lichtenbergplatz 2 a | Stadtbahn: Lindener Markt, Am Küchengarten | Tel. 37 07 87 05 | www.weinundlachbar.de | Di–Sa ab 17 Uhr | €€

Zurück zum Glück ⚑ E 3

Großes Frühstücks- und Kuchenangebot, mittags und abends gibt es kleinere Speisen. Am Emmichplatz wird im Weinpavillon ein veganes Café (ZzG-Terrasse) und gegenüber ein »Frozenyogurt-Laden« (Ohlala) betrieben. Alles in feinster Bioqualität.

Zoo | Hindenburgstr. 7 | Bus: Hindenburgstraße, Emmichplatz | Tel. 89 97

88 80 | www.zurueckzumglueck.de | Mo–Do 9–21, Fr, Sa 9–18, So 10–18 Uhr – ZzG-Terrasse: Eichstr. 2 | Mo–Fr 9–20, Sa 10–18, So 12–18 Uhr – Ohlala: Königstr. 30 | www.ohlalaswelt.de | tgl. 13–18 Uhr, im Winter nur Sa, So

EINKAUFEN

BioLogisch ⚑ B 4

Der erste Bioladen Hannovers hat sich im Wettbewerb mit den neuen Bio-Supermarktketten gut behauptet.

Linden | Stephanusstr. 12 | Stadtbahn: Lindener Markt | www.biologisch-hannover.de | Mo–Fr 9–19, Sa 8.30–16 Uhr

Camolini ⚑ D 2

Die Privatrösterei bietet neben Tee und Kaffee aus nachhaltiger Produktion auch andere Fair-Trade-Produkte wie Kunsthandwerk. Der Kaffee wird im Laden geröstet und kann gleich vor Ort verkostet werden.

Oststadt | Lister Meile 29 a | Stadtbahn: Sedanstraße | www.camolini.de | Mo–Fr 10–19, Sa 10–16 Uhr

Fehlfarben ⚑ D 2

Damenkleidung aus Naturtextilien, vorwiegend Seide, Bambus, Baumwolle – manches Stück ist ein Messe- und Designermuster. Dazu gibt es Filzwolle in 80 Farben sowie Filzkurse.

Oststadt | Friesenstr. 59 | Stadtbahn: Sedanstraße | www.fehlfarben.biz | Mo–Fr 11–18.30, Sa 11–15 Uhr

Le Naturel ⚑ D 1

Umweltfreundliche Büro- und Schulartikel, dazu Kleidung aus Biobaumwolle.

List | Jakobistr. 3 | Stadtbahn: Lister Platz | www.le-naturel-hannover.de | Mo–Fr 10–19, Sa 10–15 Uhr

Wingert Weinhandel   🍃 D 1

»Für schlechte Weine ist das Leben viel zu kurz«, das wusste schon Goethe. Deshalb sind bei Wingert 350 Weine aus ökologischem Anbau im Sortiment. Die meisten der rund 100 Weingüter kennt der Inhaber persönlich.

List | Jakobistr. 23 | Stadtbahn: Lister Platz, Bus: Jakobi-/Voßstraße | www. wingertweinhandel.de | Mo–Fr 11–19, Sa 9.30–14 Uhr

AKTIVITÄTEN

Hannover sattelt auf

Mit interessanten Radtrassen durch und um die Stadt ist Hannover reich gesegnet. Sechs Stadttouren, der 25 km lange »Julius Trip Ring« rund um die City oder der 80 km lange »Grüne Ring« um die Landeshauptstadt herum sind sehr gut ausgeschildert, die Tourist-Information hält Faltblätter bereit. Zentraler Start für viele Routen ist das Nordufer vom Maschsee.

www.gruener-ring-hannover.de

Mit Kanu und Rad unterwegs   🍃 C 3

Mit dem Kanu versteckte Winkel erkunden oder sich bei einer Radtour Ungewöhnliches erklären lassen – das ist mit der Agentur Stattreisen möglich. Gebucht werden können alle gängigen Sprachen, auch Plattdeutsch oder Chinesisch spricht man hier.

Mitte | Hausmannstr. 9–10 | Stadtbahn: Steintor | www.stattreisen-hannover. de | Stadtführungen per Fahrrad bieten auch die Tourist-Informationen: www. hannover-tourismus.de

Naturkundliche Spaziergänge
🍃 nordöstl. F 1

In Stadt und Region laden promovierte Geowissenschaftler ein, die Natur zu entdecken. Ob zu Fuß, mit dem Rad oder als eintägige Bustour: Kulturhistorische und wissenschaftliche Informationen werden unterhaltsam und gut verständlich vermittelt.

List | Böcklinplatz 4 | Stadtbahn: Spannhagengarten | www.natourwissen.de

Fair gehandelt, biologisch angebaut und in Hannover traditionell per Hand geröstet. Wer will, kann den angenehm milden und würzigen Kaffee von Camolini (▶ S. 32) gleich im Haus testen.

EINKAUFEN

Hannover ist ein Shoppingparadies, das Lust auf Entdeckungen macht. Moderne Passagen wechseln mit Traditionsläden ab. Gerade junge Designer bieten in ihren kleinen Läden Ausgefallenes: Wer aufgeweckte Produkte liefert, wird gern beachtet.

Angeblich soll es in der niedersächsischen Landeshauptstadt eine der größten zusammenhängenden Fußgängerzonen in Deutschland geben. Hannover Tourismus spricht lieber von der »beliebtesten«. Richtig ist: Nur wenige Städte bundesweit bieten eine so große Dichte an Einkaufsmöglichkeiten auf nur wenigen Hundert Metern. Fast 300 000 qm Verkaufsflächen sind die offene Bühne zum ausgedehnten Einkaufserlebnis. Bahnhofstraße, Große Packhofstraße und Georgstraße liegen bei der Besucheranzahl alle in den Top 10 der deutschen Metropolen.

HANNOVER GOES FASHION

Einkaufen im und rund um den Hauptbahnhof kann viel Spaß machen. Da liegt im Untergeschoss die Niki-de-Saint-Phalle-Passage. Sie hat sich als Young-Fashion-Meile etabliert und verbindet den Hauptbahnhof mit

◀ Textilgalerie Frau Zimmer (▶ S. 104). Die
Stadt ist reich an originellen Boutiquen.

dem Kröpcke. An der Luisenstraße befinden sich die Galerie Luise und die
Kröpcke-Passage dicht beieinander. Sie bieten hochwertige Waren interna-
tionaler Marken für Damen- und Herrenbekleidung, elegante Taschen und
sogar Livemusik vom Klavierflügel. Die Ernst-August-Galerie verspricht
Einkaufserlebnisse in 140 Geschäften mit 18 Cafés und Restaurants.
Weiter Richtung Altstadt liegen rund um den Platz der Weltausstellung
eine Reihe hannoverscher Traditionsgeschäfte: das Schuhhaus Neumann,
Parfüm von Liebe, Werner und Werner für Kinderkleidung, I.G. von der
Linde für Wäsche, das Mäntelhaus Kaiser – sie sind allesamt sehenswert
und gediegen und schaffen den Spagat zwischen Tradition und Moderne
scheinbar locker. Die nahe Georgstraße ist die beliebteste Flaniermeile
mit Juwelieren und edlen Bekleidungsgeschäften.

KLEIN UND KREATIV

Familiär und vielfältig geht es dagegen auf der Lister Meile zu. Da locken
Schuhläden, trendige Designerkleidung sowie Eisdielen, Coffeeshops
und einige Restaurants. Als »Klein-Paris« wird der nahe liegende Wedekindplatz bezeichnet. Zwar fahren mitten hindurch Autos, aber der Mix
aus ungewöhnlichen Läden, Ausstattungshäusern, Weinverkauf und ve-
getarischem Café oder Kneipe unter großen Bäumen zaubert ein besonderes Flair auf das Pflaster. Ausgefallene Designermode halten auch die
Anbieter am Lindener Markt, in der Stephanusstraße und am Lichtenbergplatz in Linden bereit. Hier ist es ausgesprochen bunt: Schuhe, Hüte
und Schmuckdesign neben türkischen Obst- und Gemüsehändlern.
Geöffnet sind größere Läden meist Mo–Sa 9.30–20 Uhr, die Ernst-August-Galerie 10–20 Uhr. Kleinere Läden schließen meist um 18, samstags
oft um 14 Uhr. Wer länger und auch am Wochenende einkaufen möchte,
kann das im Hauptbahnhof bis 22 Uhr tun. An den verkaufsoffenen
Sonntagen ist die Innenstadt voller Gäste, während Livemusik spielt.
In Sachen Modedesign hat die Stadt noch mehr zu bieten: Studenten der
Hochschule Hannover gewinnen oft renommierte Wettbewerbe, selbst zur
Fashion Week in Berlin haben es schon Absolventinnen geschafft. Zwei
weitere anerkannte Modefachschulen bilden hoch qualifizierte und kreative Designer aus (Fahmoda Akademie für Mode und Design Hannover
und M3-MenschenMachenMode e.V.). Kein Wunder also, dass Designermode hier so vielfältig und für fast jeden Geldbeutel zu haben ist.

BESONDERE EMPFEHLUNGEN

GALERIEN UND PASSAGEN

Ernst-August-Galerie ⚑ D 3

140 Geschäfte mit 18 Cafés und Restaurants – bei ungemütlichem Wetter könnte man hier ohne Weiteres einen ganzen Tag verbringen.

Mitte | Ernst-August-Platz 2 | Stadtbahn: Hauptbahnhof | www.ernst-august-galerie.de | Mo–Sa 8–20.30, die meisten Geschäfte Mo–Sa 10–20 Uhr

Galerie Luise ⚑ D 3

Die »Luise« verbindet die Edeleinkaufsstraßen Luisen-, Joachim- und Theaterstraße miteinander. In der Mitte lädt das asiatische Restaurant **Ocean City** Hungrige mit seinem Sushi-Laufband und einer Showküche ein.

Mitte | Luisenstr. 5 | Stadtbahn: Hauptbahnhof, Kröpcke | www.galerie-luise.de | tgl. 7–22, Geschäfte Mo–Fr 10–19, Sa 10–18 Uhr

Kröpcke-Passage ⚑ D 3

In der kleinen, feinen Passage zwischen den Arkaden an der Rathenaustraße und der Luisenstraße weht ein Hauch von Luxus. In der **Rotonda, Café, Bar und Ristorante** lässt es sich mit Livemusik vom Flügel unter der Atriumkuppel herrlich speisen.

Mitte | Kröpcke-Passage | Stadtbahn: Kröpcke | www.kroepcke-passage.de | tgl. 7–24 Uhr, Geschäfte mit unterschiedlichen Öffnungszeiten

KULINARISCHES

Bahlsen Fabrikverkauf

Mit bis zu 50 % Ersparnis lassen sich am Stammhaus und in der Markthalle Kuchen, Kekse und sonstige kalorienhaltige Leckereien erstehen.

– List | Lister Str. 13 | Stadtbahn: Lister Platz | www.bahlsen.de | Mo–Fr 9–18, Sa 9–13 Uhr ⚑ E 1
– Mitte | Markthalle | Stadtbahn: Markthalle | www.bahlsen.de | Mo–Fr 9–18, Sa 9–16 Uhr ⚑ D 3

Kösters hausgemachte Köstlichkeiten ⚑ D 3

Suppengenuss aus der Region, vegan, gluten- und laktosefrei, ohne Hefeextrakt und Konservierungsstoffe, das liefert »Kösters hausgemachte Köstlichkeiten«. Erhältlich in der Galeria Kaufhof (Ernst-August-Platz und Seilwinderstr. 8), zahlreichen EDEKA-Märkten der Region und online unter www.hausgemacht-koestlich.de.

Trüffel Güse ⚑ C 3

Seit dem Jahr 1921 werden bei Güse Trüffel nach alten Rezepten von Hand gefertigt. Mit rund 300 Schokoladenspezialitäten und Sorten wie »Herrenhäuser Gärten« ist das Unternehmen zum »Kulinarischen Botschafter Niedersachsens« gekürt worden.

Mitte | Georgstr. 10 | Stadtbahn: Steintor | www.trueffel-guese.de | Mo–Fr 8.30–19, Sa 9.30–18 Uhr

LEDER

Bree ⚑ D 3

Seit dem Jahr 1960 fertigt das Familienunternehmen Taschen, Reisegepäck und Accessoires aus hochwertigen und innovativen Materialien. Mehr als 100 Designpreise gab es bisher für die Taschen aus der Region Hannover.

Mitte | Luisenstr. 6 (Galerie Luise) | Stadtbahn: Hauptbahnhof, Kröpcke | www.bree.de | Mo–Fr 10–19, Sa 10–18 Uhr

MODE

Sörens Men  D 3

Seit dem Jahr 1988 zieht Sörens mode-bewusste Männer an.

Mitte | Luisenstr. 5 (Galerie Luise) | Stadt-bahn: Hauptbahnhof, Kröpcke | www.soerens.de | Mo–Fr 10–19, Sa 10–18 Uhr

SCHMUCK

Schmuckideen D 4

Die Goldschmiedemeister fertigen in Handarbeit einen »Stadt-Ring« mit Hannovers bekanntesten Sehenswür-digkeiten in Silber. Auch eigene Fotos werden in Schmuck eingearbeitet.

Südstadt | Marienstr. 40 | Stadtbahn: Aegi | www.schmuckideen-handmade.de | Mo–Do 10–18, Fr 10–13 Uhr

SCHREIBWAREN

Pelikan Outlet nördl. D 1

Der Hauptsitz liegt mittlerweile in der Schweiz, geführt wird die 1838 vom Chemiker Carl Hornemann in Hanno-ver gegründete Firma aber immer noch von hier aus. Am Sitz der Ver-triebsgesellschaft werden hochwertige Füller, Kugelschreiber und Farbkästen zu günstigen Preisen verkauft.

List | Werftstr. 9 | Stadtbahn: Großer Kolonnenweg, Bus: Nordring | www.pelikan.com | Di–Do 12.30–16.30 Uhr

SCHUHE

Anne Behne B 4

Kreatives für die Beine, wie schon der typisch hannoversche Name verrät. Und neuerdings gibt es bei Anne Beh-ne auch was für »um den Hals«.

Linden | Stephanusstr. 17 | Stadtbahn: Lindener Marktplatz, Am Küchengarten | www.annebehne.de | Mo–Mi, Fr 11–14, 15–18.30, Do 14–18.30, Sa 11–14 Uhr

Weitere Geschäfte und Märkte finden Sie im Kapitel HANNOVER ERKUNDEN.

Bei Anne Behne (▶ S. 37) in Linden ist kein Platz für den Mainstream. Das edle Schuhwerk von Brako, Art, El Naturalista, Wonders oder Hispanita überzeugt durchwegs mit Individualität.

Im Fokus
L(i)ebenswerte Kiosklandschaft

*Mit mehr als 340 kleinen Läden um die Ecke zählt die
Stadt bundesweit zur Spitze. Doch was steckt dahinter?
Kult, günstig einkaufen, Gerüchte aufschnappen –
aber das ist beileibe nicht alles. Eine Milieustudie.*

Es ist kurz vor Mitternacht. Lena steigt die paar Stufen hoch in den Leinau-Kiosk in der Limmerstraße, der heute, am Freitag, bis 2 Uhr geöffnet hat. »Ich brauche etwas zum Wachbleiben«, sagt die Studentin, »ich sitze noch an meiner Abschlussarbeit.« Für den Kioskbesitzer im quirligen Stadtteil Linden bedeutet das einen Griff ins Regal und ein Lächeln: »Bitte!« Dann fällt ihr Blick auf ein Kiosk-Quartett, das er verkauft. »Da bin ich auch drin«, sagt der Verkäufer stolz.

EXKLUSIV: BUM-BIER
32 Kioske in Linden und der Nordstadt hat ein junger Grafikdesigner auf den Spielkarten verewigt – jeweils mit Foto, einer Kurzcharakteristik und den Fakten: Bunte Tüte (das ist Süßkram als Überraschungsmix) kostet im Leinau-Kiosk 46 Cent. Er verkauft insgesamt 208 Zigarettensorten, sechs Zeitungen, 82 Magazine, hat zehn Kühlschränke, das billigste Bier macht 70 Cent. Einige der Kioske haben das BUM-Bier im Angebot. Es

wird in der Schaumburger Privatbrauerei Stadthagen gebraut und steht für »Bier und Musik für Hannover«. Die beiden Bierverleger Anna und Patrik unterstützen damit ein Netzwerk aus Musikern, die in vielen »Proberäumen, Kellerlöchern und Bunkern« auf die Pauke oder in die Tasten hauen. »Ihnen wollen wir mehr Gehör und neue Bühnen verschaffen«, heißt es beim Bierverlag Linden. Hinten auf der Flasche sind auch gleich ein paar Termine der Bands aufgedruckt.

Die Kioskkultur ist ein wichtiger Teil des hannoverschen Stadtlebens. Da liegen nicht nur Lakritzschnecken neben weißen Mäusen, da kommen knorrige Typen in Plauderlaune, da knallen Kronkorken wie Kalauer. An einer Stelle wird vegane Kost geboten, an der anderen eine Fußmassage. Jeder hat etwas Besonderes auf Lager, hier italienische Weine, da frisches Obst oder Börek. Es werden Pakete angenommen, Lottoscheine oder Fahrkarten verkauft. Liebesromane sind ebenso zu finden wie Lillifee-Sammelbilder, und immer ist genug Zeit für eine Plauderei.

Wer etwas vom Flair von Linden, List oder Limmer atmen möchte, Einheimische sprechen will oder auch nur unaufdringlich Gesprächsstoff sucht, ist an den zurzeit 341 Kiosken in Hannover genau richtig. Wo liegen die meisten? Die Rangfolge liest sich so: 73 in Linden-Limmer (das sind neun Kioske pro Quadratkilometer!), 60 in Mitte, 52 in Vahrenwald-List, 46 in der Südstadt-Bult. Hannover ist damit bundesweit an der Spitze als eine der Kioskhauptstädte.

VIELE KIOSKE BESITZEN KULTSTATUS

Diese einmalige Kiosklandschaft der Stadt haben Nora Hesse und Arne Vorderwülbecke vom Institut für Wirtschafts- und Kulturgeografie der Leibniz Uni Hannover 2013 in einer Studie seziert. Ihr Befund: Als kleinste Form des Einzelhandels fördern sie die Lebendigkeit eines Viertels, die Kioske genießen einen gewissen Kultstatus, schaffen Arbeitsplätze, bringen Vielfalt, denn die Kioskbesitzer stammen aus rund 20 Ländern. Die Hälfte ist mit dem Umsatz zufrieden, die andere Hälfte nicht. Optimistisch blicken jene in die Zukunft, die ein Alleinstellungsmerkmal haben, also nicht nur Zeitungen und Eis verkaufen. Es werden sogar wieder neue »Buden« eröffnet – nach ein paar Jahren des Rückgangs. Vom Kiosksterben wie in anderen Städten ist wenig die Rede. Rund 700 Menschen bieten die hannoverschen Kioske einen Arbeitsplatz.

Was bei der Studie noch herauskam: Ein Kiosk hat täglich rund 150 Kunden, wovon 65 % Stammbesucher sind. Zu schaffen machen den Besitzern die längeren Ladenöffnungszeiten, die in Niedersachsen 2007 eingeführt wurden. Knapp drei Viertel bezeichnen die Konkurrenz durch Supermärkte als zu stark. Auch verblüffend: Ein Drittel sieht andere Kioske als große Konkurrenz an – kein Wunder bei der Dichte. Das Bildungsniveau der Ladenbesitzer ist relativ hoch, ein Viertel wird von Frauen geführt.

SEIT 60 JAHREN IM LADEN

Die Kioske sind meist eine Institution – wie beispielsweise Liane Korbach am Herrenhäuser Marktplatz. Sie ist seit unglaublichen 60 Jahren Herrin ihres kleinen Ladens. Da kommt es häufiger vor, dass Eltern zu ihr kommen, die schon als Kinder bei ihr Bonbons kauften. Jetzt stehen sie mit ihren eigenen Kindern oder Enkelkindern vor ihr. Und denen schenkt Frau Korbach natürlich eine Kleinigkeit. Die ältere Dame weiß einfach viel über ihre Kunden, denn sie berichten von der Scheidung bis zur Steuer, vom Wetter bis zu diversen Wehwehchen über alles, was sie umtreibt. Wenn ein Stammgast kommt, geht ihre Hand schon fast automatisch zu dem Artikel, den er gleich bestellen wird, wie sie erzählt. Sogar in einem Kioskguide im Internet lautet ein Eintrag zu ihrer »Institution«: »supergeiler kiosk, der beste und älteste in hannover«. Kundenbindung ist wichtig. Sie bezeichnet ihren Laden als »das Herz des Stadtteils«. Seit 30 Jahren haben sie und ihr Mann Christian keinen Urlaub mehr gemacht.

ZU ERNA IN DIE SÜDSTADT

In der Südstadt ist Erna Koch die herausragende Säule unter den Kioskfrauen. Sie ist 84 Jahre alt, ebenfalls nie in die Ferien gefahren, hat aber Postkarten aus aller Welt an ihrem Windfang hängen. »Die sind mir von Stammkunden zugeschickt worden«, erzählt die alte Dame. Sie steht seit mindestens 45 Jahren hinter dem Verkaufstresen in der Sallstraße. Auch ihr macht die Konkurrenz der Supermärkte zu schaffen. Spirituosen warfen sonst gutes Geld ab, doch die werden nun dort gekauft. »Rentierlich ist das Ganze hier nicht mehr«, stöhnt Erna Koch. Doch das Klönen mit den Kunden halte sie jung, betont sie.

Oft werden die rund 25 000 Kioske in Deutschland auch Tante-Emma-Läden genannt – der Begriff stammt aus den 1950er-Jahren. Emma war eine geläufige Bezeichnung für Dienstmädchen, Tante Emma ein Name für eine Durchschnittsfrau, zu der man ein persönliches Verhältnis hat – die Frau von nebenan eben. Meist liegt das Sortiment bei 200 bis 300 Artikeln.

Schon 1976 textete Udo Jürgens fröhlich ein Loblied auf »Tante Emma«. Das fängt so an: »Im Einkaufs-Center und Discount, da bin ich immer schlecht gelaunt. Im endlos großen Supermarkt, da droht mir gleich ein Herzinfarkt. Da liegen die Regale voll, ich weiß nicht, was ich nehmen soll. Da wird das Kaufen zur Tortur, ich geh' zu Tante Emma nur.«

In Florian Beriefs Kiosk am Engelbosteler Damm in der Nordstadt haben heute Morgen schon mehr als 30 Stammgäste die Türklinke gedrückt. »Wenn ich mir einen Gag ausdenke, kann ich den den ganzen Tag bringen«, lacht der 51-jährige Berief. »Es kommt selten ein Kunde zweimal am Tag.« Gerade ist Elke da und fragt: »Ist der Jackpot schon geknackt?« Florian antwortet: »Nein, elf Millionen sind noch drin.«

KUNDEN BRINGEN DEKO MIT

Als Fußballfan hat Berief unter seinen Gästen einen Aufruf gestartet: Jeder soll etwas für die Dekoration seines kleinen Schaufensters zur Weltmeisterschaft in Brasilien mitbringen. »Ich war überrascht, was da alles kam«, freut sich Berief. Schals, Urkunden aus der eigenen Jugend oder seltene Spielerautogramme. Am Ende kann sich jeder sein Stück wieder abholen. Die Kundenbindung ist natürlich enorm, wie der clevere Verkäufer feststellt. Dabei entstand die Idee mit dem Weltmeisterschaftsfenster aus einer Laune heraus. Die Leute werden bei ihm im Kiosk als Menschen wahrgenommen und fühlen sich angesprochen. Sie können ihre Identität ungezwungen zeigen. Kioskbetreiber sind da eine wohltuende Mischung aus Alltagsphilosophen, Therapeuten und Sozialarbeitern. Sie verkaufen zur Packung Pralinen auch ein wenig von ihrer Persönlichkeit.

KEINE TRATSCHBUDE

Eine Regel aber findet Florian Berief sehr wichtig: »Was dir jemand anvertraut, musst du auch für dich behalten können.« Schließlich sei der Kiosk keine Tratschbude, stellt er fest. Doch mit seiner Meinung brauche er nicht hinter dem Berg zu halten. »Ich kann auch meinen Standpunkt vertreten«, erläutert der erfahrene Kioskbetreiber. »Ich muss Partei ergreifen und gleichzeitig neutral sein«, erzählt Florian Berief von seinen Balanceakten im Orkan der Meinungsvielfalt seiner Kunden. Die aber suchen Bestätigung, Widerspruch, Anregung, doch sie wollen auf keinen Fall genervt werden. »Das musst du blitzschnell erkennen und reagieren«, erinnert sich der Mann aus der Nordstadt an seine ersten Monate, als er den Kiosk übernommen hatte. »Die wollen auch wissen, was du für einer bist. Du gehörst zu deren erweitertem Wohnzimmer.«

KULTUR UND UNTERHALTUNG

*Bühnen, Bars und Bier – die Szene ist vielfältig, Kabarett
und Comedians stehen in Hannover hoch im Kurs. Besonders die
vielen kleinen Theater erleben in jüngster Zeit vermehrt Zulauf.
Ein Blick auf die großen Bühnen und die kleinen Nischen.*

Oper, Ballett, Schauspiel, Kabarett, Comedy und Musik – in diesen Sparten glänzt Hannover. Der Reihe nach: Schon das Opernhaus als Gebäude,
1852 als Königliches Hoftheater eröffnet, reiht sich ein in die großen
Spielstätten Europas. Was sich drinnen abspielt, kann sich ebenfalls sehen
lassen. Die **Staatsoper Hannover** hat eines der größten Ensembletheater
Deutschlands mit Intendant Michael Klügl an der Spitze. Generalmusikdirektorin ist seit 2011 die gebürtige Amerikanerin Karen Kamensek, die
ihre europäische Karriere im Jahr 2000 an der Wiener Volksoper startete
und als Gastdirigentin in der ganzen Welt gefragt ist. Der Deutsche Musikrat stellte 2013 fest: Mit der Jugendkonzertnacht »open stage« präsentierte sich die Staatsoper Hannover weltoffen und in ihrer ganzen Vielfalt.
Die Junge Oper überrascht im Ballhof Eins und Zwei mit ihrer Experimentierlust und einem eigenen Ensemble.

◄ Das historische Treppenhaus der
Cumberlandschen Galerie (▶ S. 44).

Auch die Leichtfüßigkeit der Tänzer wird durch Preise geehrt. Ballettdirektor Jörg Mannes, seit 2006 an der Staatsoper, wurde in internationalen Wettbewerben wiederholt ausgezeichnet. Manchmal kann man samstags um 16.30 Uhr bei den Proben zuschauen. Tipp: Beim »Tanztee Oper« im Marschner-Saal können Anfänger und Könner die Oper erobern.

WALBURGS WAGNISSE

Sechs Bühnen gehören zum **schauspielhannover** – Ballhof Eins und Zwei, Bühne und Foyer im Schauspielhaus sowie Cumberlandsche Galerie und Bühne. Das Schauspielhaus zeigt Theater von Klassikern bis zur jungen deutschen Dramatik und Musikalisches. Intendant und Regisseur Lars-Ole Walburg ist bekannt für seinen Mut. Er präsentiert experimentelle Stücke auch auf der großen Bühne. So ließ er auf einem Hochsitz in der Innenstadt einen Schauspieler für ein paar Tage »hungern«. Die Presse ist begeistert, das Publikum aufgewühlt. Der Adolf-Grimme-Preisträger wagt sich an immer neue soziale Themen heran. 2013 gewann die 23-jährige Schweizerin Katja Brunner mit »von den beinen zu kurz«, das im Schauspielhaus Hannover erstmals aufgeführt wurde, den Mülheimer Dramatikerpreis.
Walburgs Haus spielt auch erfolgreich mit anderen Genres und kooperiert bis 2016 mit dem Kabarettisten Rainald Grebe. Dann moderiert der »Weltbürger« Ilija Trojanow seit 2009 die Gesprächsreihe »Weltausstellung Prinzenstraße«. Darin stellen international renommierte Philosophen, Journalisten, Wissenschaftler und Künstler ihre oft sensationellen Arbeiten persönlich vor. Begleitet wird das Ganze durch Fotoausstellungen, Lesungen, Lecture Performances und Inszenierungen. Festivals wie »Theaterformen« oder »Jugend spielt für Jugend« begeistern.

FRÜHER SUPERMARKT, HEUTE FREIE BÜHNE

Auch die freie Theaterszene mit 17 Gruppen, die sich neu unter der Dachmarke »Freie Theater« zusammengeschlossen haben, begeistert auf hohem Niveau an oft ungewöhnlichen Orten. Da glänzt die Compagnie Fredeweiß mit innovativem Tanztheater, das Theater an der Glocksee mit gesellschaftskritischen Stücken, und das Theater in der List unterhält in einem ehemaligen Aldi-Supermarkt (Übersicht: www.freietheater-hannover.de). Hannoveraner lieben das. Beim »Best OFF – Festival Freier Theater« sind die rund 25 Vorstellungen an drei Tagen schnell ausverkauft.

Beim Kabarett sticht das Theater am Küchengarten (TAK) in Linden hervor, gegründet vom legendären Satiriker Dietrich Kittner, der 2013 starb. Die Mimuse in Langenhagen gilt bundesweit ebenfalls als gute Adresse. Hannover ist aber auch Musikstadt (mit 400 Chören und ehrwürdiger Kirchenmusik) und hat sich dem Jazz verschrieben. Im Club Lux Linden bieten Studenten der Hochschule für Musik, Theater und Medien, aus der schon viele internationale Stars hervorgingen, donnerstags Jazz vom Feinsten. Der Jazzklub auf dem Lindener Berg ist weltbekannt.

Kaum bekannt ist dagegen, dass die Edel-E-Gitarren von Bob Dylan über BAP bis Peter Maffay von Duesenberg aus Hannover kommen. Wer das besondere Kino sucht, ist im »Anzeiger«-Hochhaus in der Kuppel, im Apollo in Linden oder im Kino am Raschplatz gut aufgehoben.

Abends trifft man sich mit Freunden in einer der zahlreichen Wein- und Cocktailbars oder Kneipen. Die größte Dichte ist in Linden zu finden, aber auch um den Weißekreuzplatz in der Oststadt herum ist immer etwas los. In Laufweite von Oper und Schauspielhaus kann der Abend in der Georg- oder Osterstraße gemütlich ausklingen. Quirliger geht es am Raschplatz zu. Das RP5 mit Entertainment und Casino befindet sich hier. In direkter Nachbarschaft sind Diskotheken für Junge und Junggebliebene bis in die frühen Morgenstunden geöffnet. Veranstaltungskalender im Internet: www.hannover.de/Veranstaltungskalender; Kartenvorverkauf (▶ S. 149).

BESONDERE EMPFEHLUNGEN
THEATER UND KABARETT

Staatsoper Hannover   ⚑ D 3

Die Staatsoper ist im prächtigen, 1852 von Georg Friedrich Laves erbauten Opernhaus zu Hause und bietet zahlreiche Opern- und Ballettpremieren.
Mitte | Opernplatz 1 | Tel. 99 99 11 11 | www.staatsoper-hannover.de

schauspielhannover
www.schauspielhannover.de

Bespielt werden sechs Bühnen:

Ballhof Eins   ⚑ C 3

Für alle, die die Produktionen der Jungen Oper und des Jungen Schauspiels schätzen: Klassiker in neuer Form, aber auch Stücke junger Autoren.
Altstadt | Ballhofstr. 5 | Stadtbahn: Markthalle, Steintor

Ballhof Zwei 🧍   ⚑ C 3

Hier werden insbesondere Stücke für Kinder und Jugendliche gezeigt, die in Theaterjugendklubs und weiteren Projekten aber auch selbst auf der Bühne stehen. Im Haus ist das **Ballhof Café**.
Altstadt | Knochenhauerstr. 28 | Stadtbahn: Markthalle, Steintor

Cumberlandsche Galerie und Bühne mit Calamari Moon   ⚑ D 3

Auf der ehemaligen Probebühne unterm Dach werden rund fünf Neuproduktionen pro Spielzeit aufgeführt. Im denkmalgeschützten Treppenhaus werden Aufführungen zum Erlebnis. Tipp: Die **Montagsbar** überrascht ab 21 Uhr mit kleinen Uraufführungen und großen Schauspielmomenten – für 5 €.

Die kleine feine Theaterbar in der Cumberlandschen Galerie wird freitags ab 23 Uhr zu einer der schönsten Tanzflächen der Stadt. Lokale DJ-Größen und internationale Stars legen Jazz, Soul, Funk- und Latin-Beats auf.

Mitte | Prinzenstr. 9 | Stadtbahn: Kröpcke, Schauspielhaus | www. calamarimoon.de

Schauspielhaus mit Foyer  D 3

1992 eröffnet, viele Premieren, moderne Inszenierungen und Uraufführungen. Auch das Foyer wird bespielt und für Partys genutzt.

Mitte | Prinzenstr. 9 | Stadtbahn: Kröpcke, Schauspielhaus

Pavillon mit Theaterwerkstatt und Mezzo D 2

»Der« Ort der freien Theaterszene – von schrill bis etabliert. Theaterkunst für Kleine, Kleinkunst, Kabarett, Konzerte, Lesungen, Diskussionen. 350 Veranstaltungen im Jahr. Und hinterher geht es ins **Mezzo** (▶ S. 29).

Oststadt | Lister Meile 4 | Stadtbahn: Hauptbahnhof | Tel. 2355550 | www. pavillon-hannover.de, www.theaterwerk statt-hannover.de

TAK – die Kabarett-Bühne B 3

Das Theater am Küchengarten ist die Kabarett-Gastspielbühne Niedersachsens und verleiht den Satirepreis »Gaul von Niedersachsen«. Anschließend locken die Kneipen und Bars zwischen Küchengarten und Lichtenbergplatz.

Linden | Am Küchengarten 3–5 | Stadtbahn: Am Küchengarten | Tel. 445562 | www.tak-hannover.de

Das klassizistische Opernhaus (▶ S. 44) zählt zu den schönsten in Europa. Es wurde 1852 mit Mozarts »Hochzeit des Figaro« eröffnet und war bis 1918 königliches Hoftheater.

FESTE FEIERN

Das weltgrößte Schützenfest ist beileibe nicht alles, der Hannoveraner feiert gerne und ausgiebig. Er liebt Kleinkunst, Jazz und Boule, aber auch Picknick im Park mit Klassik. Und in Herrenhausen vereinen sich Kunst, Klang und Musik.

Es ist vor allem das **Maschseefest**, das Einheimische wie Gäste begeistert. Die längste und bunteste Party der Stadt hat in den drei Wochen im Sommer oft mehr als 2 Mio. Besucher – das größte Open-Air-Fest Norddeutschlands. Sie kommen nicht nur aus der Umgebung, sondern aus dem ganzen Land. Worin liegt der enorme Charme? Die Nähe zum See zaubert südliches Flair herbei und die vielen Buden liefern überwiegend hochwertige Gastronomie. Darauf wird geachtet. Die Livebands auf den Bühnen am See spielen Titel von Abba über U2 und AC/DC bis zu den Beatles. Kleinkunst ist zu erleben, es ist gelebte Lockerheit. Da starten Maschseepiraten zur Erlebnisfahrt, nachts sind Fackelschwimmer unterwegs, Drachenboote liefern sich Wettrennen. Zudem hat das Fest Tradition – es geht auf eine Wassersportwoche der Deutschen Kanumeisterschaften im Jahr 1950 zurück. Der entscheidende Impuls, mehr aus den

◄ Fabelwesen willkommen – das Kleine
Fest im Großen Garten (► S. 48).

»Maschseetagen« zu machen, ist dem Dauerfrost von 1986 zu verdanken. Damals kamen im Februar rund 170 000 Gäste zum Eisfest auf den See. Gleichzeitig erinnerte man an das Trockenlegen des Sumpfes vor 50 Jahren, denn so entstand das Flachgewässer überhaupt erst. Für maritime Leichtigkeit ist der Sommer natürlich eher geeignet, weshalb das Fest in dieser Jahreszeit gefeiert wurde. Nordufer, Maschseequelle und Löwenbastion sind die Orte, wo die meisten der 120 Musikgruppen auftreten und die mehr als 20 Kleinkünstler aktiv werden. Wir sehen uns!

APRIL

Oster-Tanz-Tage

Stars des Balletts machen Hannover zur internationalen Tanzmetropole. Eine Ausstellung, Tanzworkshops und die Ballett-Kinderwoche ergänzen das bunte Programm im Opernhaus.
Erste Aprilhälfte, zwei Wochen lang
Opernhaus | Opernplatz 1 | Stadtbahn: Kröpcke | Tel. 99 99 19 99 | www.staatstheater-hannover.de

A-Cappella-Woche

Chöre aus vielen Teilen der Welt treten u. a. in Klöstern und Kirchen der Stadt auf, organisiert vom Verein »Lausch Kultur Hannover«.
Ende April–Anfang Mai
www.acappellawoche.com

MAI

Lange Nacht der Theater

Von Komödie bis Kabarett, von Tanz bis Varieté geht auf 30 Bühnen der Stadt die Post ab. Gespielt wird jeweils 30 Minuten, begonnen im Stundentakt.
Erster Samstag im Mai
Karten ab Mitte April im Schauspielhaus, Prinzenstr. 9, und an den Abendkassen | www.langenachtdertheater-hannover.de

Boulefestival

Anfänger und Profis spielen »auf der Allee« im Georgengarten.
Himmelfahrt–Pfingsten
Georgengarten | Stadtbahn: Schneiderberg | www.boulefestival.de

Internationaler Feuerwerkswettbewerb 👫

Die besten Feuerwerker der Welt zeigen ihr Können über dem Nachthimmel.
Diverse Termine Mai–Sept.
Herrenhäuser Gärten | Stadtbahn: Herrenhäuser Gärten | www.hannover-tourismus.de

swinging hannover

Umsonst und draußen: Der Jazzklub startet sein Happening mit Musikern aus aller Welt, 30 000 Gäste feiern mit. Am Vorabend steigt der Jazzbandball.
Himmelfahrt
Neues Rathaus | Stadtbahn: Aegi | www.enercity-swinginghannover.de

JUNI

KunstFestSpiele Herrenhausen

Das internationale Festival präsentiert Alte und Neue Musik, Kunstaktionen und Klanginstallationen.

Drei Wochen im Juni
Herrenhäuser Gärten | Stadtbahn:
Herrenhäuser Gärten | Karten: www.
vvk-kuenstlerhaus.de, www.eventim.de |
www.kunstfestspiele.de

Chortage Hannover

Vier Abende, sechs Konzerte, 30 Chöre: Hannover ist führende Chormusik-
metropole in Deutschland.
Wochenende im Juni
www.chortage-hannover.de

Fête de la musique

Kein Eintritt, alles Open Air: 20 Bühnen, 100 Bands, 800 Musiker.
21. Juni
www.fetedelamusique-hannover.de

Festival Theaterformen

Alle zwei Jahre sind auf diversen Bühnen und auch im öffentlichen Raum
zeitgenössische Theaterproduktionen
aus allen Kontinenten zu sehen.
Zwölf Tage Ende Juni
Karten: Tel. 99 99 11 11, www.staatstheater-
hannover.de | www.theaterformen.de

JULI

Klassik in der Altstadt

25 kostenlose Konzerte junger Künstler, dazu gibt es Rundgänge mit Stars
des Opernhauses und Studenten.
Drei Samstage im Juli
www.altstadt-hannover.de/klassik-in-der-
altstadt

Kleines Fest im Großen Garten 👥

Der Große Garten wird zur Kleinkunst-
bühne. An 30 Orten zeigen Akrobaten,
Pantomimen und Komiker ihr Können,
dann leuchtet ein barockes Feuerwerk.
An 16 Abenden im Juli

Herrenhäuser Gärten | Stadtbahn: Her-
renhäuser Gärten | Karten Mitte März–
Anfang April bestellen; an der Abendkas-
se nur Resttickets | www.kleines-fest.de

Seh-Fest

20 Kinofilme werden auf der Gilde
Parkbühne (neben der HDI-Arena) im
Freien gezeigt. Picknicken erlaubt.
Drei Wochen ab Mitte Juli
Ferdinand-Wilhelm-Fricke-Weg 8 |
Stadtbahn: Stadionbrücke, Bus: Sporthal-
le | Tickets an der Abendkasse und über
Laporte, Tel. 44 40 66 | www.seh-fest.de

Masala Weltbeat Festival

Weltmusik mit Konzerten, Lesungen,
Theater und über 10 000 Besuchern.
Zwei Wochen im Juli
www.masala-festival.de

Schützenfest

Das weltweit größte seiner Art, bereits
im Jahr 1529 erstmals erwähnt.
Zehn Tage ab Freitag vor dem 1. Julimontag
Schützenplatz | Stadtbahn: Waterloo |
www.schuetzenfest-hannover.de

Maschseefest

Eine riesige Open-Air-Party: Rund um
den See sind 19 Tage lang Kleinkunst
und Livemusik zu sehen und zu hören.
Ende Juli–Mitte August | Maschsee |
Stadtbahn: Markthalle, Altenbekener
Damm, Bus: Maschsee/Sprengel Muse-
um | www.maschseefest.de

Shakespeare-Musicals

Im Gartentheater wird William Shake-
speare neu inszeniert – von Heinz
Rudolf Kunze. Der »Sommernachts-
traum« kann anschließend kulinarisch
in der Schlossküche verlängert werden.

Juli–September
Herrenhäuser Gärten | Stadtbahn: Herrenhäuser Gärten | Tickets über Laporte, Tel. 44 40 66 | www.shakespeare-herrenhausen.de

AUGUST

Picknickkonzert der Chopin-Gesellschaft

Das Picknick zum kostenlosen Konzert des Jungen Sinfonieorchesters Hannover ist inzwischen Kult. Für die Verpflegung sorgt jeder selbst.
Letzter Sonntag im August
Georgengarten | Stadtbahn: Schneiderberg | www.chopin-hannover.de

Festival TanzTheater International

International bekannte Tänzer treten in der Orangerie Herrenhausen, im Ballhof oder im Schauspielhaus auf.
Ende August
Karten im Künstlerhaus (www.vvk-kuenstlerhaus.de), Sophienstr. 2, Tel. 16 84 12 22 | www.tanztheater-international.de

SEPTEMBER

Zinnober

Künstler öffnen ihre Ateliers, Galerien und Museen bieten spezielle Aktionen.
Erstes Wochenende im September
www.zinnober-kunstvolkslauf.de

Niedersächsische Musiktage und Literaturfest

Hochwertige Musik ist an ungewöhnlichen Orten zu einem jährlich wechselnden Motto zu hören. Das Literaturfest läuft etwa zeitgleich.
Anfang September–Anfang Oktober
Karten Tel. 08 00 45 66 54 00 | www.musiktage.de, www.literaturfest-niedersachsen.de

OKTOBER

Mimuse

Spaß auf hohem Niveau verspricht das wichtigste Kleinkunstfestival Norddeutschlands. Die erste Riege der Kabarettisten ist vertreten, auch Nachwuchstalente sind zu erleben.
Oktober–April | Langenhagen, Theatersaal, Rathenaustr. 14 sowie daunstärs, Konrad-Adenauer-Str. 15 | S-Bahn: Langenhagen-Mitte, Stadtbahn: Langenhagen Zentrum | Karten an Vorverkaufsstellen und www.eventim.de | www.mimuse.de

Jazzwoche

Internationale Künstler, Studenten der Hochschule für Musik, Theater und Medien und hannoversche Musiker spielen zeitgenössischen Jazz.
Ende Oktober/Anfang November
www.jmi-hannover.de

NOVEMBER

Wintervarieté

Musik, Tanz, Akrobatik und Comedy in königlicher Umgebung.
Ende November–Ende Januar
Orangerie Herrenhäuser Gärten | Stadtbahn: Herrenhäuser Gärten | Tel. 30 18 67 10 | www.variete.de/de/wintervarietes

»Musik in den Häusern der Stadt«

Musiker aller Genres treten in Privatwohnungen, Büros und Läden auf. Man kommt mit Künstlern ins Gespräch.
November
Tel. 01 73 / 7 36 11 11 | www.kunstsalon.de

DEZEMBER

Weihnachtsmärkte 👫

In der Altstadt, um die Marktkirche, vor dem Hauptbahnhof, auf der Lister Meile

MIT ALLEN SINNEN
Hannover spüren & erleben

Reisen – das bedeutet aufregende Gerüche und neue Geschmacks-erlebnisse, intensive Farben, unbekannte Klänge und unerwartete Einsichten; denn unterwegs ist Ihr Geist auf besondere Art und Weise geschärft. Also, lassen Sie sich mit unseren Empfehlungen auf das Leben vor Ort ein, fordern Sie Ihre Sinne heraus und erleben Sie Inspiration. Es wird Ihnen unter die Haut gehen!

◄ Kulinarisch-kulturelle Stadtführung mit der Agentur Eat the world (► S. 51).

ESSEN UND TRINKEN
Neugier trifft Genuss

Zur Stippvisite in ein halbes Dutzend Lokale – so lässt sich ein Stadtteil am besten in wenigen Stunden kennenlernen. Hier wird ein besonderer Drink gereicht, dort ein leckeres Häppchen. Unterwegs erzählt die Führerin lustige Anekdoten. Manche sind auch verkleidet oder mit einem elektrisch getriebenen Roller unterwegs (Segway).

So zeigen Ihnen etwa »Stadtgören und Stadtbengel« bei Living Culture ihren Stadtteil und das Lebensgefühl dazu – ob Einkaufstour »Lister Liebe« in der List oder die Schlemmertour »Lecker-Limmern«. Eat the world bietet eine kulinarische Visite durch Linden mit Kostproben in sieben Cafés und Restaurants, gewürzt mit Geschichte und Geschichten aus dem Stadtteil.

Jeder Anbieter hat maßgeschneiderte Thementouren im Programm. Spaß ist garantiert. Es ist die vergnügliche Art, die versteckten Reize der Gassen aufzuspüren. So kommen Sie Einheimischen und anderen Gästen näher.

– Living Culture | Tel. 65 60 65 76 | Do–Sa 11 und 19.30 Uhr | www.living-culture-tours.de | 29 €
– Eat the world | Tel. 0 30/53 06 61 65 | www.eat-the-world.com | 30 €
– Segway Stadtführung | Treffpunkt: Lister Kirchweg | Tel. 01 71/9 87 30 30 | www.eco4drive.net | 45–65 €　　E 1

Wie Pott und Deckel

Wer kommt heute zum Essen? Die Antwort liefern die vielen Kochschulen in Hannover. Da rühren sich fröhliche Runden zusammen. Profis lassen sich gern in den Topf schauen, und die Rezepte gibt es mit nach Hause wie vielleicht auch die Adresse vom Nachbarn.

Für jeden Pott den passenden Deckel – das gilt auch für die Gäste, die so beim Kochen und Genuss der gemeinsam zubereiteten Speise ins Plaudern kommen. Sinnvoll ist die Anmeldung schon vor der Reise, denn nicht immer ist für Spontane noch ein Rührlöffel frei.

– La Cocina | Mitte | Königstr. 51 | Stadtbahn: Thielenplatz | Tel. 6 42 86 27 | www.lacocina.de　　D 3
– Jochmanns Kochschule | List | Wittekamp 2 | Stadtbahn: Lortzingstraße | Tel. 4 50 65 61 | www.jochmanns-koch schule.de | Di–So (unterschiedliche Anfangszeiten)　　E 1
– Kochschule Hannover | Linden | Charlottenstr. 42 | Stadtbahn: Allerweg | Tel. 12 37 9 07 | www.kochschule-hannover.de　　B 4
– Kochkurse auch im WOK-Küchenmuseum (► S. 122)　　D 2

Im Solarboot speisen　　D 5

Mit dem futuristisch anmutenden Solar-Katamaran lässt sich über den Maschsee gleiten. So erleben Sie fast lautlos und energieneutral die mariti-me Seite Hannovers und spüren den Fahrtwind. Das Boot fährt von Ostern bis Oktober im Linienverkehr. Das Besondere: Sonntags von 10.30 bis 12.30 Uhr steht ein Brunchbüfett bereit (vorherige Anmeldung), ab 14.30 Uhr werden Kaffee und Kuchen gereicht. So kommt zum optischen der kulinarische Genuss – was für ein Erlebnis!

Mitte | First Reisebüro | Nordmann-passage 6 | Stadtbahn: Steintor | www.uestra-reisen.de | Tel. 70 09 50 | Abfahrt Sonntagsbrunch: Ostanleger/ Altenbekener Damm | Stadtbahn: Altenbekener Damm

SPIRITUELLES
Entspannen mit Mönchen

Oft nur ein paar Schritte vom Trubel entfernt, öffnen sich fast ein wenig ge-heimnisvoll Türen zu Stätten der Ruhe. Es sind Mönche, die in Wohnhäusern kleine Klöster eingerichtet haben und

dem Gast Entspannung und Weisheiten bei warmem Tee servieren. In einem hübschen Mehrfamilienhaus im Stadt-teil List erfüllen fünf Mönche eine Nie-derlassung der Benediktinerabtei Kö-nigsmünster aus Meschede mit Leben –

die Cella Sankt Benedikt. Buddhisten laden in ihrer Wohnung zum Sitzen in Stille, zu Atembetrachtung und Geh-meditation ein. Wer vorher eine Ein-führung wünscht, sollte sich anmelden.

List | Voßstr. 36 | Stadtbahn: Lister Platz, Bus: Jakobistraße | Tel 96 28 80 | www. cella-sankt-benedikt.de | Teilnahme an Gebeten zu wechselnden Zeiten, gesun-genes Abendgebet in der Vertonung deutscher Gregorianik Di–So 18 Uhr **D 1** – Buddhistischer Bund | List | Droste-str. 8 | Stadtbahn: Lister Platz, Bus: Jako-bistraße | Tel. 3 48 07 76 | www.buddha-hannover.de | Do 18–19.30 Uhr **D 2**

KULTUR UND UNTERHALTUNG
Gäste geben den Takt vor   **B 3**

Sie bestimmen das Geschehen: In der Warenannahme Faust e.V. lassen die Schauspieler beim Improvisationsthea-ter und beim »Slam-Poetry« (Dichter-wettstreit) ihren Gefühlen freien Lauf. Sie bestimmen als Zuschauer und -hö-rer die Richtung, machen Vorgaben und lassen sich bestens unterhalten. Neu sind »Composer-Slams«, bei de-nen Komponisten spontan neue Lieder spielen. Sie sind der Taktgeber! Die Ti-ckets kann man online erwerben.

Linden | Zur Bettfedernfabrik 3 | Stadt-bahn, Bus: Leinaustraße | Tel. 45 50 01 | www.faustev.de

Eis und heiße Emotionen   **östl. F 3**

Wenn die Indians im 4600 Zuschauer fassenden Eisstadion am Pferdeturm spielen, tobt die Menge. Es ist der Tra-ditions-Eishockeyverein der Stadt, und der ist Kult in Hannover. Selbst wer sich für den kühlen Sport nicht erwär-men kann, wird bei den Emotionen in der Arena schnell mitgerissen.

Kleefeld | Am Pferdeturm 7 | Stadtbahn: Clausewitzstraße, Kantstraße | Tel. 30 02 00 10 | www.hannover-indians. de | Karten im Vorverkauf im Fanshop am Eisstadion oder online: www.eventim. de, Restkarten an der Tageskasse

Schwingen Sie Ihr Tanzbein!

Paartanz ist ein sinnliches Erlebnis. Auch wer allein kommt, findet leicht einen Tanzpartner. Bewegungen zur Musik erleben in der Stadt eine Renaissance. Stil, Freude am Neuen und etwas Knistern beim Flirten verbinden sich. Wie wäre es mit einer Salsa? Deutschlands größte Tanzschule auf dem Gebiet bittet zum freien Tanz, Cocktails und kleine Snacks liefert die Bar. Kostenlose Schnupperstunden sind jeden Sonntag auch im Tango-Milieu zu erleben. Bei Kaffee, Kuchen und argentinischem Wein schmiegen sich die Paare gefühlvoll aneinander. Anfänger sind zur Schnupperstunde von 15 bis 16.30 Uhr im separaten Raum willkommen.

– Salsa del Alma Dance Academy | Mitte | Lange Laube 23 | Stadtbahn: Steintor | Tel. 3 74 80 33 | www.salsadel-alma.de | So 20.30–21.30 Uhr C 3
– Tango-Milieu | Linden | Zur Bettfedernfabrik 1 | Stadtbahn, Bus: Leinaustraße | Tel. 44 02 02 | www.tangomilieu.de | So 15–22 Uhr B 3
– Caribbean Dance Salsa | Calenberger Neustadt | Weddigenufer 23 | Stadtbahn: Glocksee | www.cdsalsa.de | Tel. 2 10 13 29 | So 20–21 Uhr B 3

Singen mit dem Gospelchor B 4

Singen macht glücklich, schafft neue Freundschaften und ist oft auch Selbsterkenntnis im großen Team. Mit dem Motto »Wer kommt, singt mit« lädt der Gospelchor »GC-Voices« in den Gemeindesaal der Gospelkirche in Linden zum Mitsingen ein.

Linden | An der Erlöserkirche 2 | Stadtbahn: Allerweg | www.gospelkirchehannover.de | jeweils 1. und 3. Mi (außerhalb der Ferien) ab 19.30 Uhr

Bis zu 46 Passagiere finden im knapp 22 m langen Solar-Katamaran »Europa-enercity« Platz. Nahezu lautlos gleitet er im Shuttleservice über den Maschsee (▶ S. 51).

HANNOVER
ERKUNDEN

Grüne Idylle in der Stadt: Blick auf das
Neue Rathaus (▶ MERIAN TopTen, S. 65).

EINHEIMISCHE EMPFEHLEN

Die schönsten Seiten Hannovers kennen am besten diejenigen, die diese Stadt seit Langem oder schon immer ihr Zuhause nennen. Zwei dieser Bewohner lassen wir hier zu Wort kommen – Menschen, die eines gemeinsam haben: die Liebe zu ihrer Stadt.

Anne Nissen, Künstlerin

Von meinem hellen Atelier im **Ahrbergviertel** (▶ S. 98) ist es nicht weit zum **Lindener Berg** (▶ S. 98). Für mich verkörpert er einen Ruhepol mitten in der Stadt, fast schon ländlich. Ob allein, als Paar oder mit Kindern – hier trifft man sich. Alles läuft hier so entspannt. Und der Berg liegt um die Ecke.

Ähnlich ist es im alten Teil des Von-Alten-Gartens am Fuß des Lindener Bergs. Dort sitze ich oft und genieße die Stille. Als meine Tochter noch klein war, sind wir oft hierher zum Spielen gekommen, statt auf die wuseligen Spielplätze zu gehen. Ohne Räder, Grills und Hunde lässt es sich fast wie in einem Privatgarten wunderbar entspannen. Abends

Hinter dem Torhaus führt eine Platanenallee durch den Von-Alten-Garten (▶ S. 56), in dem sich unter alten Bäumen wunderbar picknicken lässt.

wird hier abgeschlossen. Und dann diese bald 200 Jahre alte Rotbuche, die ein Baumdoktor in seiner Obhut hat – sie trägt das Bild vom Park, auch wenn sie es gerade etwas schwerhat.

Ach, neulich hatte ich noch ein Erlebnis: Seit mehr als zehn Jahren arbeite ich kunsttherapeutisch in der Kinderklinik der Medizinischen Hochschule. Das liegt von meinem Atelier aus am anderen Ende der Stadt, 10 km entfernt. Ich entdeckte erst jetzt, wie ich mit dem Fahrrad einen traumhaften Weg nur durchs Grün von Linden nach Groß-Buchholz fahren kann. Entlang am zauberhaften Maschsee, durch Licht und Schatten radeln, die Frische der Bäume spüren – **Eilenriede** (▶ S. 88) pur. Herrlich. Ich freue mich jedes Mal schon auf den Weg dorthin. Was für ein Genuss!

»Entlang am Maschsee durch Licht und Schatten radeln, die Frische der Bäume spüren – Eilenriede pur«

Anne Nissen

Andreas Kuhnt, Radiomoderator

Hannovers Glanz erlebe ich intensiv gegen 8 Uhr morgens auf einer Laufrunde durch die Eilenriede am **Döhrener Turm** und die **Alte Bult** (▶ S. 80). Denn dann habe ich meine Tochter nach ausführlichen pubertätsbedingten Morgendiskussionen von unserer Wohnung in der List durch die zu dieser Zeit meist verstopfte Stadt in ihre

Schule in der Südstadt gebracht und entspanne mich erstmals – besonders, wenn die Sonne durch leichten Septemberdunst auf die Alte-Bult-Wiese fällt. So ist Hannover eben auch – eine Stadt mit unendlich grüner Natur.

Nach dem Duschen dann noch schnell einen Kaffee mit Mozzarella-Brötchen beim herrlich normalen Familien-Italiener **Pasteria** in der Voßstraße 48 oder bei **Ecco** auf der Lister Meile (Seumestr. 1 a). Jetzt geht's aktiv durch den Arbeitstag. Und den beende ich gerne mal mit köstlichem Vitello tonnato bei **Da Pino** in der Robertstraße 7. Wenn mal mehr Zeit ist, freue ich mich auf die leckeren Lammkoteletts bei meinem griechischen Freund Kostas in seinem Restaurant **Camp** auf der Hildesheimer Straße 117.

MITTE

*Der Rote Faden führt Besucher zu den wichtigsten Sehens-
würdigkeiten. Sie sind fußläufig zu erreichen, machen Lust auf
Blicke rechts und links des Weges und liefern genug Anreiz,
mit den Einheimischen ins Gespräch zu kommen.*

Die Höhepunkte der Stadt sind hier schnell zu Fuß zu erreichen. Wer mag,
nimmt den aufs Pflaster gemalten **Roten Faden** zur Leitlinie. So lassen
sich vom **Hauptbahnhof** aus schon einmal 36 Punkte in einem Rutsch
verbinden. Dabei kann es leicht passieren, dass Sie in der **Altstadt** so
großen Gefallen an einzelnen Dingen finden, dass die Rundtour sich dort
etwas verläuft. Das macht nichts. Dort liegen versteckte Nischen, die ein
paar Blicke mehr lohnen. Der Goldene Winkel an der Kreuzkirche gehört
dazu, die das älteste Gotteshaus der Stadt ist. Da ist noch das besondere
Flair einer alten Zeit zu spüren und gemütliches Einkehren garantiert.
Dann fällt einem das filigran gearbeitete Portal der Marktkirche auf, die
Leibniz-Aufschrift an der Außenmauer des Historischen Museums oder
das Rauschen der Leine vor den Füßen der Göttinger Sieben am Landtag.
Momente der Aufmerksamkeit wert ist auch das Alte Rathaus mit der

◄ Beachfeeling auf dem Parkhausdeck: die Strandbar Schöne Aussichten 360° (▶ S. 69).

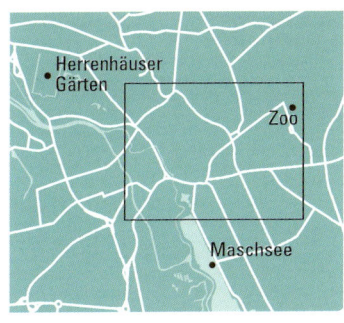

Darstellung des »Luderziehens« an der Giebelfront zur Schmiedestraße. Dann herrscht wieder das Grün vor: Vom Gartensaal im **Neuen Rathaus** 🔵6 – was für ein Schloss mit dem einmaligen Bogenaufzug! – fällt der Blick auf den Maschteich und die Parklandschaft. So bieten sich mitten im Trubel der Innenstadt erstaunlich viele Ruhepole, die es zu genießen lohnt. Anschließend weiterhin Kopf hoch! Der Mix aus Architektur von der Moderne eines Glasbaus wie der NORD/LB über die Backsteingotik der **Marktkirche** ⭐5 bis zu den frisch-fröhlichen »Nanas« von Niki de Saint Phalle am Leineufer beflügelt die Fantasie. Hannover geizt hier nicht mit seinen zahlreichen Wahrzeichen auf engstem Raum.

Dort am Leineufer lohnt sich am Samstagvormittag ein Spaziergang über den ältesten **Flohmarkt** ⭐ Deutschlands. Es ist vor allem die Atmosphäre des bunten Treibens und lockeren Lachens, die einen anstecken kann. Am »hohen Ufer« wurden schon im 10. Jh. die ersten Häuser des späteren Hannover gebaut, woher sich auch der Name der Stadt ableiten soll – »hanovere«. Nach neuerer Deutung hat die Silbe »han« aber mit einer Umzäunung am »overe«, also am Ufer, zu tun.

GANZ SCHÖN »FIGELIENSCH«

Der rundliche Beginenturm war einst der mächtigste Teil der Stadtbefestigung und stand schon 1357 in den Annalen. Jedenfalls sind Sie jetzt »mittendrin«, vielleicht auch im Geschehen. Dann könnten »hannöversche« Ausdrücke Ihr Trommelfell treffen. Beispielsweise heißt »verposematuckeln« verheimlichen, »figeliensch« ist pfiffig und »Happenpappen« die Untertreibung für ein deftiges Mahl. Das könnten Sie jetzt zu sich nehmen. Dazu bietet sich die benachbarte **Markthalle** ⭐ an, denn da sind Stände mit regionalen und internationalen Speisen und Getränken zu finden. Überhaupt bleibt kulinarisch im Kern Hannovers kein Gaumen trocken – und das in durchweg hoher Qualität. Die SkyBar im sechsten Stock eines Innenstadthauses bietet zu den Drinks und Menüs den besten Überblick über die City, im Sommer sogar von der Dachterrasse. Und dann bleibt noch Zeit für eine Aufführung im grandiosen Opernhaus.

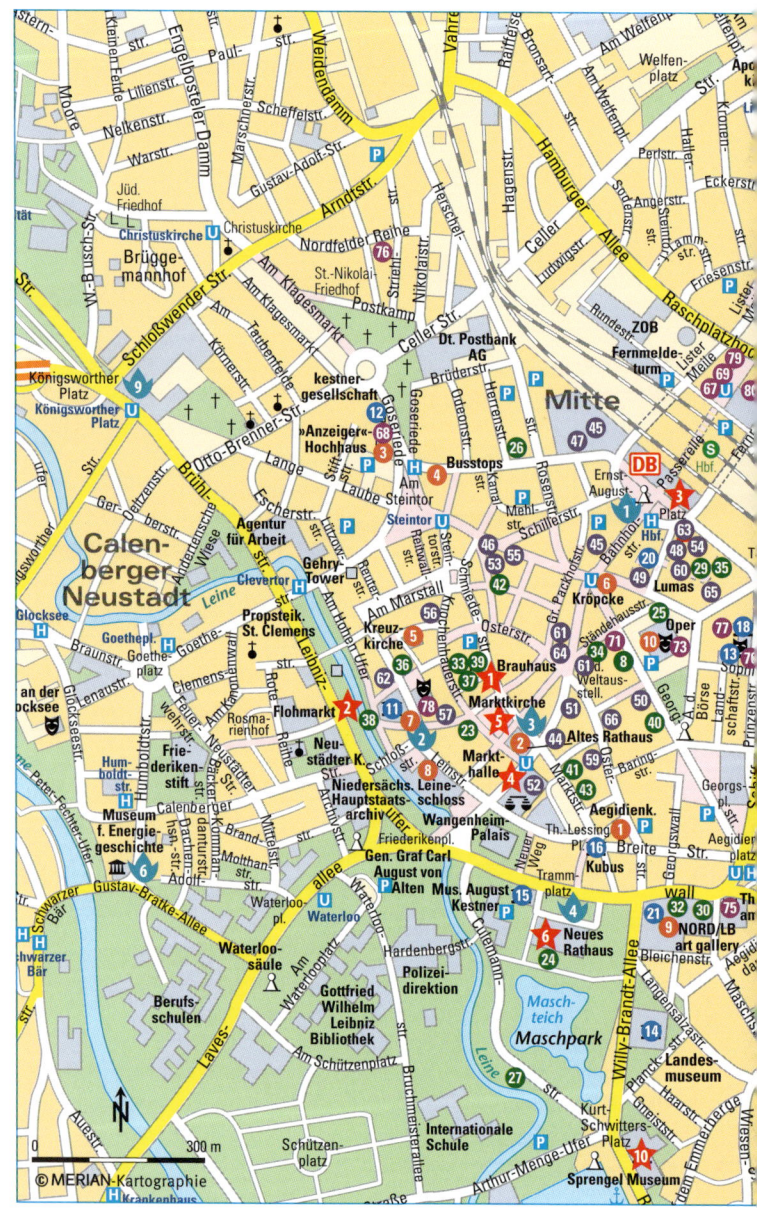

SEHENSWERTES

① Aegidienkirche D3

Wer durch die Mauern in den dachlo-
sen, offenen Innenraum des im 14. Jh.
als dreischiffige gotische Hallenkirche
gebauten Gotteshauses tritt, erlebt eine
besondere Stille. Unterbrochen wird
sie vom **Glockenspiel** um 9.05, 12.05,
15.05 und 18.05 Uhr. Seit 1946 dient
die Ruine als Mahnmal für alle Opfer
von Krieg und Gewalt. Bei den britischen Luftangriffen 1943 auf Hannover
war die Kirche zerstört worden.

Mitte | Breite Straße/Osterstraße |
Stadtbahn: Aegi | tgl. 9 Uhr bis zur
Dämmerung

② Altes Rathaus D3

Das um 1455 vergrößerte Alte Rathaus
(mit Ursprüngen an der Marktseite von
1230) ist das südlichste Beispiel norddeutscher Backsteingotik. »Dogenpa-
last« wird der 1844 bis 1849 an der Kö-
belingerstraße angebaute Teil für das
damalige Stadtgericht genannt. Da stehen heute nahezu täglich Trauzeugen
Spalier, warten weiße Rolls-Royce oder
kreischt eine Prosecco-Runde auf. Das
Standesamt befindet sich dort. Unter
der Gerichtslaube von 1490 wurde im
Freien nicht nur Recht gesprochen,
sondern auch gleich das Urteil vollzo-
gen. Der Fratzenkopf ein paar Meter
weiter an der Wand erinnert an den
Pranger. Stadtbaumeister Conrad Wilhelm Hase (1818–1902) verzierte 1877
bis 1882 die Fassade an der Schmiedestraße mit gotischen Elementen.

Altstadt | Schmiedestr. 1 | Stadtbahn:
Markthalle

⭐ Altstadt C3

Der Bereich der Innenstadt zwischen
Goethestraße und Karmarschstraße
sowie zwischen Schmiedestraße und
Leine wurde im Zweiten Weltkrieg
weitgehend zerstört, was sich auf dem
Stadtrelief unten im Neuen Rathaus
gut nachvollziehen lässt. Heute sind in
die wieder aufgebauten Fachwerkhäuser schicke Geschäfte und urtümliche
Kneipen eingezogen. Das Ballhofthea-
ter und das Historische Museum sowie
das Leineschloss mit dem Niedersächsischen Landtag sind zu sehen. Die
große Marktkirche, die kleine, feine
Kreuzkirche, Leibnizhaus und Holz-
markt sind weitere wichtige Stationen.
Das älteste Fachwerkhaus Hannovers
(1564) steht in der Burgstr. 12, jedoch
im Hof. Ist die Durchfahrt zu, muss das
Vorderhaus von 1566 herhalten.

Altstadt | Stadtbahn: Kröpcke, Markthal-
le | 8 Min. zu Fuß vom Hauptbahnhof

③ »Anzeiger«-Hochhaus C3

Fritz Höger (1877–1949) ließ den rund
50 m hohen Kuppelbau mit roter Klin-
kerverkleidung im expressionistischen
Stil 1927/1928 errichten. In der Kuppel
befand sich ein Planetarium. Der Bau-
herr, Zeitungsverleger August Madsack
(1856–1933), stellte ein Himmelsfern-
rohr von Zeiss auf. Ein Außencafé in
luftiger Höhe lockte die Besucher ins
Haus des »Hannoverschen Anzeigers«.
Die Kuppel aber ist Hannovers höchs-

DJ Gullyman lauschen 1

Hannover spielt für Sie 24 Stunden
am Tag kostenlos »Untergrundmusik« aus einem Kanaldeckel. »DJ
Gullyman« legt hier in der »kleinsten Disko der Welt« auf (▶ S. 12).

tem Kino vorbehalten. 1947 gründete Rudolf Augstein hier sein Magazin »Der Spiegel«. Auch der »Stern« entstand hier – 1948 durch Henri Nannen.

Mitte | Goseriede 9 | Stadtbahn: Steintor

4 »Busstops«

Warten auf Bus und Bahn kann Kunstgenuss sein: Neun »Busstops« bringen seit 1994 Frische ins Stadtbild. Beispiele: Am Steintor hat Alessandro Mendini ein gelb-schwarzes Kastenstück aufgestellt. Am Sprengel Museum taucht ein Wal ab. Vor dem Wangenheimpalais am Friedrichswall schwebt eine Art grünes Surfbrett. Am Braunschweiger Platz hat Frank O. Gehry Facetten aus Glas und Stahl zu einer Haube gebogen.

Goseriede 9 | Stadtbahn: Steintor

2 Flohmarkt mit »Nanas« C3

Der älteste Flohmarkt Deutschlands ist entlang des Leineufers am Westrand der Altstadt am Samstag von 8 bis 16 Uhr zu erleben. 1967 wurde er nach Pariser Vorbild von Reinhard Schamuhn geschaffen. Einbezogen sind die »Nanas« von Niki de Saint Phalle. Seit 1974 sind die drei drallen Figuren ein begehrtes Motiv, heute ein Wahrzeichen der Stadt.

Altstadt | Stadtbahn: Markthalle, Steintor

3 Hauptbahnhof C3

Er gilt als einer der schönsten in Deutschland, zumal sich davor der **Ernst-August-Platz** entfaltet und der Fassade Wirkung verleiht. Die heutige Form mit den hochgelegten Gleisen stammt aus der Zeit von 1876 bis 1879. Die technische Anlage von Oberbaurat Grüttefien war damals international vorbildlich. Es hat nichts mit Harry

Am Wunschring drehen 2

Am Holzmarktbrunnen vor dem Leibnizhaus ist ein kleiner Ring in dem schmiedeeisernen Gitter angebracht. Den können Sie drehen und sich etwas wünschen (▸ S. 12).

Potter und einem geheimen Gleiszugang zu tun, aber die Gleise 5 und 6 sind nicht zugänglich. Als einen der ersten ebenerdigen Durchgangsbahnhöfe Deutschlands hatte der Stadtplaner Georg Ludwig Friedrich Laves die erste Anlage 1841 bis 1847 geplant und bauen lassen. Das **Reiterstandbild** auf dem Platz davor zeigt Ernst August, 1837 bis 1851 König von Hannover. Er wendet dem Bahnhof den Schweif seines Pferdes zu (der Treffpunkt für Verabredungen: »unterm Schwanz«), denn er mochte die Eisenbahn nicht. Täglich passieren 250 000 Fahrgäste den Bahnhof, der vom ADAC 2013 als einziger Bahnhof die Auszeichnung »sehr gut« in puncto Reisekomfort erhielt.

Mitte | Stadtbahn: Hauptbahnhof

5 Kreuzkirche C3

1333 erbaut, ist sie die älteste Kirche Hannovers. Lucas Cranach der Ältere malte 1537 das Altarbild. Die angebaute Duve-Kapelle von 1655 erinnert an die hannoversche Kaufmannsfamilie. Die enge Kreuzstraße zum Ballhof gibt den Eindruck jener Zeit noch recht gut wieder. Das nach 1949 erbaute Karree nennt sich »Goldener Winkel«.

Altstadt | Kreuzstraße | Stadtbahn: Markthalle | Gottesdienste So 11 Uhr, Turmbesteigung Sa 15–16, Dez. 17 Uhr mit Punschausschank

Wahrzeichen und beliebter Treffpunkt der Hannoveraner: die von Terrassencafés gesäumte Kröpcke-Uhr (▶ S. 64). Hinter den Schaugläsern der Uhr werden häufig Objekte ausgestellt.

6 Kröpcke · D 3

Zentraler Ort der neu gestalteten Innenstadt und Knoten der Stadtbahnlinien, mit der frei stehenden **Kröpcke-Uhr** ein beliebter Treffpunkt. Die **Niki-de-Saint-Phalle-Promenade** zum Hauptbahnhof hat viele Läden und im Boden eingelassen eine Windrose von 1950 mit Entfernungsangaben zu einigen Städten. Kurios: Alte Schreibweisen wie »Chikago« und »Edinburg« sowie unverändert Leningrad (statt St. Petersburg) sind dort zu lesen, was die Stadt mit der Unantastbarkeit eines Kunstobjekts erklärt.

Der Name des stadtbekannten **Cafés Kröpcke** geht auf den Oberkellner Wilhelm Kröpcke (1855–1919) zurück. 1885 pachtete dieser das Café, das seit 1895 seinen Namen trägt. »Kröpcke« heißt auch ein Musical, das im Raschplatz Entertainment spielt.

Mitte | Georgstr. 35 (Kröpcke) | Stadtbahn, Bus: Kröpcke

7 Leibnizhaus · C 3

Die schöne Renaissancefassade ist wie das ganze Haus nur eine Nachbildung. Das alte Leibnizhaus stand in der Schmiedestr. 10, stammte von 1456 und wurde 1943 zur Ruine. Gottfried Wilhelm Leibniz hatte von 1698 bis zu seinem Tod 1716 zwei Geschosse darin bewohnt (mit der herzöglichen Bibliothek). 1844 kaufte König Ernst August das Haus, um es vor dem Abbruch zu bewahren; es wurde eine Gedenkstätte.

Altstadt | Holzmarkt 4–6 | Stadtbahn: Markthalle | zur Besichtigung am Empfang des benachbarten Historischen Museums melden | Eintritt frei

8 Leineschloss · C 3

Von 1640 bis 1918 residierten die Landesfürsten in dem Bau, von 1837 bis 1866 die Könige von Hannover. Auch Leibniz wohnte samt Bibliothek 1676 bis 1688 in dem stattlichen Bau an der

Leine. Ein berühmter Mord ereignete sich 1694 in den Mauern: Der Liebhaber der Kurprinzessin Sophie Dorothea, Graf Königsmarck, wurde »beseitigt«. Viel Glanz strahlte dagegen das große Schlosstheater aus. Es hatte 1300 Plätze, zählte zu den prunkvollsten Europas, wurde 1688 eröffnet und 1854 abgerissen. Dort steht nun der **Plenarsaal des Niedersächsischen Landtags**, der seit 1962 hier seinen Sitz hat. Der von Dieter Oesterlen konzipierte Anbau wird bis 2017 modernisiert.

Altstadt | Hinrich-Wilhelm-Kopf-Platz 1 | Stadtbahn: Markthalle

Markthalle ⚑ D 3

Der »Bauch von Hannover« ist ein quirliger Treff zu Cappuccino, Imbiss und vielen kulinarischen Finessen. Auf 4000 qm sind 50 Händler aktiv. Der schlichte Neubau von 1955 lässt aber nicht einmal ansatzweise die Pracht erahnen, die das im Krieg zerstörte Haus hatte. Es war 1892 mit Ecktürmen und einer damals in Deutschland für eine Glas-Eisen-Konstruktion einmaligen Spannweite von 34 m nach dem Vorbild einer Maschinenhalle zur Pariser Weltausstellung errichtet worden.

🕐 Mittags sind Landtagspolitiker und Mitarbeiter der umliegenden Ministerien zu sehen, und am Samstagmorgen gibt es ein Prosecco-Frühstück.

Mitte | Karmarschstr. 49 | Stadtbahn: Markthalle | www.markthalle-in-hannover.de | Mo–Mi 7–20, Do–Fr 7–22, Sa 7–16 Uhr

⭐ Marktkirche ⚑ C/D 3

Die Hauptkirche der vier Altstadtgemeinden wurde 1349 bis 1359 in norddeutscher Backsteingotik als dreischif-

fige Hallenkirche errichtet. Am (mit Wetterhahn) 98 m hohen Turm ist nach Osten ein Pentagramm, nach Norden und Süden ein Hexagramm im Kreis zu sehen. Der Passionsaltar stammt aus dem Jahr 1480. Das Bronzeportal von Gerhard Marcks von 1959 zeigt das Thema »concordia-discordia« und den auferstehenden Jesus. Wechselausstellungen zeitgenössischer Künstler werden zusammen mit der kestnergesellschaft (▶ S. 118) präsentiert. Markant ist ein Kreuz im Pflaster vor dem Eckhaus Kramerstr. 25. Wer auf dem Kreuz steht, kann vier Kirchen sehen: neben der Marktkirche im Südosten die Aegidienkirche, im Westen die Neustädter Kirche, im Nordwesten die Kreuzkirche.

🕐 Samstags: Führungen 12–13 Uhr, 18 Uhr Konzert, Gottesdienst So 10 Uhr, Mi 12.30 und Do 18 Uhr kleine Andachten.

Altstadt | Hanns-Lilje-Platz 11 | Stadtbahn: Markthalle | tgl. 10–18 Uhr

⭐ Neues Rathaus ⚑ D 4

Den Prachtbau hat Kaiser Wilhelm II. am 20. Juni 1913 sogar selbst geweiht. Stadtdirektor Heinrich Tramm verkündete seinerzeit: »Alles bar bezahlt, Majestät!« Nach Tramm ist der Vorplatz benannt. Errichtet auf 6026 Buchenpfählen im Sumpf hat das 97 m hohe, schlossartige Kuppelbauwerk mit zwei Innenhöfen den einzigen **Bogenaufzug**

Himmlische Erfüllung 3

Schreiben Sie Ihren Herzenswunsch auf und hängen Sie ihn an eine Tafel in der Marktkirche links vom Altar. Mittwochs um 12.30 Uhr wird er in die Andacht einbezogen (▶ S. 13).

Im hohen Bogen hinauf 4

Erleben Sie den einmaligen Bogenaufzug hinauf in die Kuppel des Neuen Rathauses. Bei gutem Wetter reicht der Blick bis zum Harz – sonst bis zum Deister (▶ S. 13).

in Europa. Die Gondel steigt in einem Winkel von 17 Grad parabelförmig in der Kuppel auf. Oben kommt sie 10 m versetzt zum Abfahrtspunkt an. Der Ausblick auf Stadt und Maschpark sowie Maschsee, HDI-Arena und oft bis zum Deister ist von dort oben bestens. In der 38 m hohen Rathaushalle stehen vier große **Stadtmodelle**. Sie zeigen, wie das Hannover der Jahre 1689, 1939, 1945 aussah und wie es heute ist.

Mitte | Trammplatz 2 | Stadtbahn: Aegi, Bus: Rathaus/Osterstraße, Friedrichswall | Besichtigung und Kuppelauffahrt März–Okt. Mo–Fr 9.30–18.30, Sa, So 10–18.30, Nov.–Feb. ohne Turmauffahrt tgl. 11–16.30 Uhr | Eintritt 3 €, erm. 2 €

9 NORD/LB D4

Der »Glasbaustein«, Hauptsitz der Norddeutschen Landesbank, wurde im Juni 2002 eröffnet, hat 18 800 Glasscheiben, 1500 Büroarbeitsplätze, 17 Stockwerke und ist mit 83 m etwa so hoch wie das Neue Rathaus unmittelbar nebenan. Im Innenhof zeigt die Skulptur des US-Künstlers Jeff Koons einen riesigen Tulpenstrauß aus farbigem Edelstahl. Gelegentlich Drehort für »Tatort«-Krimis mit Kommissarin Charlotte Lindholm (Maria Furtwängler) sowie andere Filme.

Mitte | Friedrichswall 10 | Stadtbahn: Aegi

10 Opernhaus D3

Baumeister Georg Ludwig Friedrich Laves wollte ein Opernhaus im Grünen bauen. König Ernst August, dem das Theater im Leineschloss zu provinziell erschien, wagte kaum zu widersprechen. So musste eine Windmühle weichen, und bis 1852 entstand dann das Opernhaus. Mit Mozarts »Hochzeit des Figaro« wurde es eröffnet. Es war bis 1918 königliches Hoftheater, danach Preußisches Staatstheater und ist seit 1921 städtisch. Nach der Zerstörung im Krieg 1950 wieder eröffnet. Es zählt zu den zehn besten der Welt.

Mitte | Opernplatz 1 | Stadtbahn: Kröpcke

MUSEEN UND GALERIEN

MUSEEN

11 **Historisches Museum** ▶ S. 118
12 **kestnergesellschaft** ▶ S. 118
13 **Kunstverein Hannover** ▶ S. 119
14 **Landesmuseum Hannover** ▶ S. 119
15 **Museum August Kestner** ▶ S. 120
16 **Städtische Galerie Kubus** ▶ S. 121
17 **Stiftung Ahlers Pro Arte** ▶ S. 121
18 **theatermuseum hannover** ▶ S. 121

GALERIEN

19 **Galerie Koch** ▶ S. 123
20 **Lumas** ▶ S. 123
21 **NORD/LB art gallery** ▶ S. 123

ESSEN UND TRINKEN

RESTAURANTS

22 **Al Dar** D3

Arabische Gastfreundschaft – Syrische Speisen werden mit Lebensfreude aufgetischt. Schon die Einrichtung mit Säulen, Glasmosaiken, Kerzenlicht, Blumen und Musik ist ein Genuss.

Hier wird ungerührt geschüttelt: Thomas Fischer und Mesut Celik, die Chefs von Oscar's Bar (▶ S. 69), verstehen ihr Fach. Banker kommen zur Happy Hour, Opernbesucher weit später.

Mitte | Königstr. 3 | Stadtbahn: Thielenplatz | Tel. 8 98 49 94 | www.aldar.de | tgl. 12–15, 18–23 Uhr | €€

23 Broyhan Haus ⚑ C 3

Regionale Leibgerichte – Im alten Bürgerhaus, benannt nach Braumeister Cord Broyhan, wird deftig gekocht. Ob im Gewölbekeller, in »Omas guter Stube« oder in der »Deele« – probieren Sie den »Calenberger Pfannenschlag«!
Altstadt | Kramerstr. 24 | Stadtbahn: Markthalle | Tel. 32 39 19 | www.broyhan haus.de | So–Do 11.30–1, Fr, Sa 11.30–2 Uhr | €€

24 Gartensaal ⚑ D 4

Unter Säulen – Im Neuen Rathaus wird mit Blick auf den Maschteich gekonnt niedersächsisch aufgekocht.
Mitte | Trammplatz 2 | Stadtbahn: Aegi | Tel. 16 84 88 88 | www.gartensaal-hanno ver.de | tgl. 11–18, Sommer 11–22 Uhr | €€

25 Gondel ⚑ D 3

Kunstgenüsse – Ob mit oder ohne Varietébesuch, hier wird jedes Gericht zum Kunstwerk. Spezialität: Spanferkelbäckchen. Die Bar ist ein beliebter Treff.
Mitte | Georgstr. 36 | Stadtbahn, Bus: Aegi | Tel. 30 18 67 67 | www.variete.de | Di–Do 17.30–24, Fr, Sa 16.30–24, So 19–22 Uhr | €€

26 Kurt 16 🚩 ⚑ C 3

Lizenz zum Hochgenuss – Tagsüber Bistro, abends Gourmetküche, nachts Bar mit riesiger Cocktail- und Whiskeykarte. Fast noch ein Geheimtipp.
Mitte | Kurt-Schumacher-Str. 16 | Stadtbahn: Hauptbahnhof, Steintor | Tel. 1 26 41 17 | www.kurt16.de | Mo–Sa 9–1, So 9– 14.30 Uhr | €€€

27 Loretta's ⚑ D 4

Kuschelig – Die kleine, wöchentlich wechselnde Speisekarte in einem ehemaligen Milchhäuschen bietet allerbeste Genüsse. Im Sommer sitzen Gäste auch direkt am Ufer der Leine.

Mitte | Culemannstr. 14 | Stadtbahn: Aegi, Waterloo, Bus: Maschsee/Sprengel Museum | Tel. 5 90 57 80 | www.loretas-hannover.de | Mo–Fr ab 17, Sa, So ab 10 Uhr | €€

28 Muscade mit Weinbar La Voûte

D 3

Fein abgeschmeckt – Eine französische Küche mit italienischen Einflüssen verzaubert seit Neuestem hier den Gaumen. Oder man geht gleich in die Weinbar **La Voûte** im Gewölbekeller.

Mitte | Königstr. 7 | Stadtbahn: Thielenplatz, Bus: Königsstraße | Tel. 8 71 11 15 | www.muscade.de | Mo–Sa 17–24 Uhr | €€€

29 Röhrbein

D 3

Versteckte Leidenschaft – Am Rand der Galerie Luise treffen Klassiker wie »Oma Conrads Kohlroulade« auf italienische Köstlichkeiten wie Vitello tonnato. Mittags wie abends ein Gewinn.

Mitte | Joachimstr. 6 | Stadtbahn: Thielenplatz, Bus: Theaterstraße | Tel. 93 66 17 12 00 | www.clichy.de | Mo–Sa 11.30–22.30 Uhr | €€

30 Ständige Vertretung

D 4

Bonn trifft Hannover – Politikerbilder an den Wänden lassen einen schon beim Warten auf »Flammekuchen« und »Kanzlerplatte« (Currywurst mit Pommes) schmunzeln. »Dat kölsche Grundgesetz« in der Karte verweist auf den rheinischen Ursprung.

Mitte | Friedrichswall 10 | Stadtbahn: Aegi | Tel. 21 38 69 0 | www.staev-hannover.de | tgl. 11–24 Uhr | €€

31 Thai Food in the Box

D 3

Boxenstopp – Kleiner Imbiss mit original thailändischen Speisen. Preiswert und sehr schmackhaft.

Mitte | Alexanderstr. 7 | Stadtbahn: Thielenplatz | Tel. 1 69 22 45 | Mo–Fr 11.30–22, Sa 17–22 Uhr | €

CAFÉS

32 Audrey

D 4

Durchsichtig – Mit Pink und Türkis kurz vor der Kitschgrenze erinnert hier alles an die Stilikone Audrey Hepburn. Und »Frühstück bei Tiffany's« gibt es auch. Allerdings nur am Sonntag von 10 bis 15 Uhr.

Mitte | Friedrichswall 10 | Stadtbahn: Aegi | Tel. 35 39 59 96 | www.cafe-audrey.de | Mo–Sa 9–19, So 10–19 Uhr

33 Café Glücksmoment

C 3

Gute Laune – Schon die Einrichtung stimmt fröhlich. Frühstück bis 14 Uhr, die edlen Kuchen und Smoothies sind der Hit. Einige Kuchen gibt es am Stiel, sie heißen »Cake Pops«, im Glas »Cup Cakes«. Diese werden auch verkauft, genauso wie verschiedene Porzellan- und Dekoartikel.

Mitte | Knochenhauerstr. 25 | Stadtbahn: Steintor | Tel. 20 30 85 18 | www.gluecksmoment-cafe.de | Mo–Fr 10–18, Sa 10–17 Uhr

34 Holländische Kakao-Stuben

D 3

Feines Gebäck mit Stil – Hier wird seit 1895 Kaffee von Hand gebrüht und Van-Houten-Kakao serviert, umrahmt von der original 1950er-Jahre-Einrichtung mit alten Kacheln und Ölbildern.

Mitte | Ständehausstr. 2 | Stadtbahn: Kröpcke | Tel. 30 41 00 | Mo–Fr 9–19.30, Sa 9–18.30 Uhr

35 **Pâtisserie Elysée** ▶ S. 29

36 **Teestübchen** 📖 C 3

Gemütlich – Insgesamt 33 erlesene Teesorten werden in silbernen Kannen mit Stövchen serviert. Für die hausgemachten Kuchen gilt: kleine Auswahl, große Klasse. In den Sommermonaten sitzt man samstags bei Jazz auf dem Ballhofplatz in der ersten Reihe.

Altstadt | Ballhofplatz 2 | Stadtbahn: Markthalle, Steintor | Tel. 3 63 16 82 | www.teestuebchen-hannover.de | So–Do 10–24, Fr 10.30–1, Sa 10–1 Uhr

BARS UND KNEIPEN

37 **Alt Hanovera** 📖 C 3

Schnell Anschluss – Wer deutsche Oldies, Schlager und Popmusik mag sowie Fußball, findet hier leicht Gleichgesinnte. »Tönnchen« (200 ml Bier im Wasserglas) und »Lüttje Lage« (▶ S. 28) steigern die Feierlaune schnell.

Altstadt | Knochenhauerstr. 27 | Stadtbahn: Steintor, Markthalle | Tel. 169 86 70 | www.kultkneipe-alt-hanovera. de | Di–Fr ab 17, Sa ab 12 Uhr

38 **Aresto** 📖 C 3

Schatz im Keller – Von außen unscheinbar, innen eines der besten griechischen Restaurants der Stadt mit 220 Weinen. Im Sommer sitzt man unter Bäumen – die Leine zu Füßen.

Altstadt | Klostergang 1 | Stadtbahn: Markthalle, Clevertor | Tel. 32 37 59 | www.aresto.de | tgl. 12–24, Küche bis 23.30 Uhr

39 **Brauhaus Ernst August** 📖 C 3

Singletreff – Das Brauhaus Ernst August ist Frühstückskneipe, Restaurant, Bar, Brauerei, Liveklub und Disco in einem. Warme Speisen von 11.30 Uhr bis spät in die Nacht. Mittwochs Disco-Fox-Party, am Wochenende Livemusik, sonntags Singleparty. In der Familienbrauerei werden 600 000 l »Hannöversch« in Bioqualität hergestellt.

Altstadt | Schmiedestr. 13 | Stadtbahn: Markthalle | Tel. 36 59 50 | www.brau haus.net | Mo–Do 8–3, Fr, Sa 8–5, So 9–3, Happy Hour 16–18 Uhr

40 **Oscar's Bar** 📖 D 3

Weltläufig – Klassische, gemütliche Bar mit außergewöhnlichen Cocktailkreationen. 300 Classic Malts und Raritäten können sich auch sehen und schmecken lassen. In der Happy Hour von 16 bis 20 Uhr mit Ally-McBeal-Flair kosten alle Cocktails nur 5 €.

Mitte | Georgstr. 54 | Stadtbahn: Kröpcke, Aegi | www.oscarsbar.de | tgl. ab 16 Uhr

41 **Schöne Aussichten 360°** 📖 D 3

Obenauf – Sand, Strandkörbe und Strandbar: Oben vom Dach des Parkhauses aus genießt man auf 1500 qm neben der mediterranen Küche einen tollen Blick über Stadt und Land.

Mitte | Röselerstr. 7 | Stadtbahn: Markthalle | Tel. 54 89 79 | www.sceneevents. de | Mai–Sept. tgl. ab 10 Uhr

42 **SkyBar 6 Sinne** 🚩 📖 D 3

Höher geht es nicht – Salate, Flammkuchen und mediterrane Fleischgerichte sind köstlich. Dazu wird gratis der Panoramablick über die Stadt serviert, im Sommer sogar von der Dachterrasse. Längste Bartheke Hannovers!

Mitte | Heiligerstr. 15 | Stadtbahn: Aegi, Steintor | Tel. 47 38 80 38 | www.6sinne-hannover.de | tgl. ab 11 Uhr

43 Weinbar Gegenüber   D 3

Mit Freu(n)den – Nach Geschäftsschluss oder Theater klingt der Abend hier stilvoll aus. 80 offene Weine und eine wöchentlich wechselnde Karte mit kleinen Gerichten stehen zur Wahl.

Mitte | Marktstr. 41 | Stadtbahn: Markthalle | Tel. 70 03 83 69 | www.weinbar-gegenueber.de | Mo–Sa ab 17 Uhr

EINKAUFEN

BÜCHER

44 Decius GmbH   D 3

Neben dem üblichen Sortiment ist das Haus auf Recht, Wirtschaft und Steuern spezialisiert. Im Keller liegt eine theologische Buchhandlung, im Erdgeschoss die »Literaturtankstelle«.

www.fachbuch.biz
– Mitte | Marktstr. 52 | Stadtbahn: Markthalle | Mo–Fr 9.30–20, Sa 10–20 Uhr

45 Hugendubel

Seit 1852 werden hier Bücher verkauft. Der Traditionsladen Schmorl & von Seefeld wurde 2005 von Hugendubel übernommen. Gemütliche Sitzecken laden auf vier Etagen zum Schmökern ein. Vom Coffeeshop schweift der Blick auf die Bahnhofstraße.

www.hugendubel.de
– Mitte | Bahnhofstr. 14 | Stadtbahn: Kröpcke | Mo–Sa 9.30–20 Uhr   D 3
– Mitte | Ernst-August-Galerie | Stadtbahn: Hauptbahnhof | Mo–Sa 10–20 Uhr   D 3

46 Lehmanns   C 3

Reiches Sortiment mit viel Reise, Wissenschaft und Unterhaltung. Zur Entspannung gibt es auch eine Kaffeeecke, hier mit Blick auf die Georgstraße.

Mitte | Georgstr. 10 | Stadtbahn: Kröpcke | www.lehmanns.de | Mo–Sa 9.30–20 Uhr

Auf dem Ballhofplatz in der Altstadt ist immer viel los: Besonders beliebt ist im Sommer die idyllische Terrasse des Teestübchens (▶ S. 69).

GALERIEN UND PASSAGEN

47 Ernst-August-Galerie ▶ S. 36

48 Galerie Luise ▶ S. 36

49 Kröpcke-Passage ▶ S. 36

HAUSHALT

50 W. Weitz D 3

Seit dem Jahr 1848 Fachgeschäft für Kristall, Glas und Porzellan. Heute gibt es auch große und kleine Küchenhelfer sowie Wohnaccessoires.

Mitte | Georgstr. 46 | Stadtbahn: Kröpcke | www.weitz-porzellan.de | Mo–Fr 10–19, Sa 11–18 Uhr

KAFFEE UND TEE

51 Tee Seeger D 3

Dieser Laden wurde bereits 1743 von Friedrich Jacob Seeger in Hannover gegründet und gilt damit als das älteste Teespezialitätengeschäft Deutschlands. Neben etwa 90 Sorten Tee sind auch frisch gerösteter Kaffee und Konfitüren im Sortiment.

Mitte | Karmarschstr. 37/39 | Stadtbahn: Markthalle | www.tee-seeger.de | Mo–Fr 10–18.30, Sa 10–17 Uhr

KULINARISCHES

52 Bahlsen Fabrikverkauf ▶ S. 36

53 Trüffel Güse ▶ S. 36

LEDER

54 Bree ▶ S. 36

55 Horstmann & Sander C 3

Ob Hand- oder Schultasche, Koffer, Gürtel oder Portemonnaie und natürlich Schuhe – Top-Marken auf drei Etagen, auch von Bree. Mit Espressobar.

Mitte | Georgstr. 8 | Stadtbahn: Steintor | www.horstmann-sander.de | Mo–Sa 9.30–20 Uhr

MODE

56 Anette Spitzl C 3

Mäntel, Röcke und Hosen aus Naturmaterialien, meist sehr weit geschnitten und alle super zum Kombinieren. Sämtliche Teile der Kollektion können auf die individuellen Maße zugeschnitten werden, Sachen aus Seide werden in Wunschfarben gefärbt. Genäht wird dabei im Laden selbst.

Altstadt | Knochenhauerstr. 12 | www.anette-spitzl.de | Di–Fr 10–18, Sa 10–16 Uhr

57 BPP Prêt à Porter C 3

Internationale Marken treffen auf Unikate hannoverscher Designerinnen.

Altstadt | Kramerstr. 8 | www.bpp-fashionshop.de | Mo–Fr 11–19, Sa 11–18 Uhr

58 Malinu 2nd fine clothes D 3

Nichts erinnert hier an Secondhand, auch nicht der Preis. Da kann ein Kleid immer noch 198 € kosten.

Mitte | Königstr. 55 | Stadtbahn: Thielenplatz | www.malinu.com | Mo–Fr 10–19, Sa 10–16 Uhr

59 Rike Winterberg First Store D 3

»Die« hannoversche Designerin zeigt in ihrem neuen Laden Braut- und Abendmoden sowie Dazupassendes befreundeter Kolleginnen. Für Maßanfertigungen sollte ein Termin vereinbart werden.

Mitte | Osterstr. 39 | www.rikewinterberg.de | Mo–Fr 11–18, Sa 10–16 Uhr

60 Sörens Men ▶ S. 37

PARFÜMERIEN UND KOSMETIK

61 Parfümerie Liebe D 3

Seit 1871 verging in Hannover »Kein Tag ohne Liebe«. Neben Kosmetik und

Düften werden auch Schmuck, Designermode und Dekoartikel verkauft.

Mitte | Karmarschstr. 25 | Stadtbahn: Kröpcke | www.liebe-hannover.de | Mo–Fr 9.30–19, Sa 10–18 Uhr

SCHUHE

62 Schuhcaffè   C 3

Italienische Schuhe, einige handgemacht: dazu ein frischer Espresso oder umgekehrt. Unterhaltsamer Treff.

Altstadt | Kramerstr. 12/Holzmarkt 3 | Stadtbahn: Markthalle | www.schuh caffe.de | Mo–Fr 11–19, Sa 11–17 Uhr

SOUVENIRS

63 Tourist-Information   D 3

Die Renner sind die Taschenuhr Neues Rathaus, Pin-Set Nanas, City-Memory, Lüttje-Lagen-Set sowie die Leibniz-Keksdose. Die Schokolade »Herrenhäuser Gärten« in vielen Variationen gibt's im Infocenter der Herrenhäuser Gärten und bei Trüffel Güse (▶ S. 36).

Mitte | Ernst-August-Platz 8 | Stadtbahn: Hauptbahnhof | Mo–Fr 9–18, Sa 10–15, April–Okt. auch So 10–15 Uhr

WÄSCHE

64 I.G. von der Linde   D 3

Gegründet 1822 – damals wie heute erste Adresse für Wäsche- und Badezimmerwaren. Heute gibt es zusätzlich noch exquisite Einrichtungsobjekte.

Mitte | Osterstr. 18 | Stadtbahn: Kröpcke | www.igvonderlinde.de | Mo–Fr 9.30–19, Sa 10–18 Uhr

WOHNEN

65 Alex Giese   D 3

Musik- und Filmgenuss auf hohem Niveau. Von der CD bis zur Multimedianutzung berät der Inhaber persönlich.

Mitte | Theaterstr. 14 (Galerie Luise) | Stadtbahn: Kröpcke, Thielenplatz | www.alexgiese.de | Mo–Fr 10–19, Sa 10–16 Uhr

66 BoConcept   D 3

Die Möbel des dänischen Unternehmens sind geprägt von minimalistischem Design aus Holz und Metall.

Mitte | Osterstr. 26 | Stadtbahn: Kröpcke | www.boconcept.com | Mo–Sa 10–19 Uhr

ZEITUNGEN/SCHREIBWAREN

Die größte Auswahl an nationalen und internationalen Zeitungen und Magazinen bieten die drei Buchläden im Bahnhof. **Quickpress** am Gleis 9 hat rund um die Uhr geöffnet.

KULTUR UND UNTERHALTUNG

KASINOS

67 Spielbank Hannover   D 3

Am neu gestalteten Raschplatz ist das Glücksspiel eingezogen. Eine Lounge lockt Gäste an, ein paar Schritte weiter laufen Kinofilme, auch das Hannover-Musical »Kröpcke« wird aufgeführt.

Mitte | Lister Meile 2 | Stadtbahn: Hauptbahnhof | www.spielbanken-nieder sachsen.de, www.rp5-entertainment.de | Karten für das Musical unter www.kröpcke-das-hannover-musical.de | tgl. 12–3 Uhr

KINO

68 Hochhaus Lichtspiele   C 3

Im Fahrstuhl geht es in die 8. Etage des »Anzeiger«-Hochhauses hinauf. Gezeigt werden vor allem Erstaufführungen und Filme abseits des Mainstreams.

Mitte | Goseriede 9 | Stadtbahn: Steintor | Tel. 1 44 54 | www.hochhaus-lichtspiele.de

69 Kino am Raschplatz ✦ D 2

Ältestes Programmkino der Stadt, gerade frisch renoviert.

Mitte | Raschplatz 6 | Stadtbahn: Hauptbahnhof | Tel. 3178 02 | www.kinoamraschplatz.de

70 Kino im Künstlerhaus (Kommunales Kino) ✦ D 3

Forum für innovative Filmformate.

Mitte | Sophienstr. 2 | Stadtbahn: Thielenplatz | Tel. 16 84 47 32 | www.koki-hannover.de

KLEINKUNST, KABARETT, VARIETÉ
71 GOP Varieté-Theater ✦ D 3

Internationale Artisten und Comedians bestimmen den Spielplan. Zur Show werden kleine Speisen serviert. Große Wein- und Cocktailkarte. Zum Theater gehört das Restaurant **Gondel** (▶ S. 67).

Mitte | Georgstr. 36 | Stadtbahn: Kröpcke | Tel. 30 18 67 10 | www.variete.de/Hannover

72 Marlene Bar und Bühne ✦ D 3

Vielfältiges Programm vom Bachelor-Abschlusskonzert über Lesungen und Kabarett, dazu kleine Gerichte.

Mitte | Prinzenstr. 10 | Stadtbahn, Bus: Thielenplatz | Tel. 3 68 16 87 | www.marlene-hannover.de

OPER, KONZERT, BALLET
73 Staatsoper Hannover ▶ S. 44

THEATER
74 schauspielhannover ▶ S. 44

75 Theater am Aegi ✦ D 4

Seit den 1950er-Jahren gastieren hier Ensembles für Boulevardkomödien, Konzerte, Theater, Musical und Tanz.

Mitte | Aegidientorplatz 2 | Stadtbahn: Aegi | Tel. 98 93 30 | www.theater-am-aegi.de

76 Theater fensterzurstadt ✦ C 2

In einer alten Tankstelle werden experimentelles Schauspiel und moderne Performances gezeigt.

Mitte | Striehlstr. 14 | Stadtbahn: Steintor | www.fensterzurstadt.de

TANZEN
77 Calamari Moon Suite ▶ S. 44

78 Club 3Raum ✦ C 3

Der Klub im historischen Ballhof vereint Bar, Bühne und Klub. Gespielt werden Soul, Funk, New Jazz.

Altstadt | Ballhofstr. 5 | Stadtbahn: Markthalle, Steintor | www.3raum-ballhof.de | Do ab 21, Fr–Sa ab 22 Uhr

79 Osho-Disco ✦ D 2

Am Wochenende ist die 1984 eröffnete, ehemalige Bhagwan-Disco fest in der Hand von Teens und Twens – mittwochs tummeln sich allerdings Tanzbegeisterte aller Jahrgänge. Dann gilt: freier Eintritt ab 30 Jahren in die »Baggi«, wie sie in Hannover jeder nennt, zu aktuellen Chartsongs und Klassikern.

🕐 Mi ab 22 Uhr Ü-30-Party.

Mitte | Raschplatz 7 c | Stadtbahn: Hauptbahnhof | www.osho-disco.de

80 Palo Palo ✦ D 2

Klub mit hoher Promi-Dichte. Hier tanzen nicht selten Schauspieler und Sänger nach ihrem Auftritt. HipHop, Funk & Soul, R & B, Dance Classics.

Mitte | Raschplatz 8 a | Stadtbahn: Hauptbahnhof | www.palopalo.de | Mo, Do–Sa ab 22 Uhr

Im Fokus
Gottfried Wilhelm Leibniz

Ganze 40 Jahre wirkte das Universalgenie in Hannover,
das als Stadt der Wissenschaft seinem Namen alle Ehre bereitet.
Es verblüfft, an wie vielen Orten an den rastlosen Forscher
und eifrigen Briefeschreiber erinnert wird.

Wo heute die 2,50 m hohe Bronzesilhouette von Leibniz' Kopf steht – am Operndreieck –, hatte der Universalgelehrte früher einen Garten. Darin ließ er Tabak anbauen und Maulbeerbäume für Seidenkulturen. Gottfried Wilhelm Leibniz, am 21. Juni 1646 in Leipzig geboren, kam als 30-Jähriger nach Hannover, lebte und arbeitete hier 40 Jahre lang bis zu seinem Tod am 14. November 1716. Zehn Sponsoren setzten ihm 2008 dieses Denkmal mit der Aufschrift »Einheit in der Vielheit«. Auf der anderen Seite ist das von Leibniz entwickelte binäre Zahlensystem zu sehen.

Die Rechenkunst, die nur aus den Ziffern 0 und 1 besteht, ist die Grundlage heutiger Computer. Auch die Differenzialrechnung ist eine Erfindung des Mannes, der in Leipzig, Jena und Nürnberg Jura, Mathematik und Philosophie studierte. Von ihm stammt auch die erste brauchbare Rechenmaschine für alle vier Grundrechenarten (damals war er gerade einmal 27 Jahre alt). Ein Nachbau von 1924 des 1693 von einem Helmstedter Handwerker zusammengesetzten Räderwerks im Staffelwalzen-

◀ Kurfürstin Sophie setzt Leibniz den Lorbeerkranz auf – Bilderfries am Neuen Rathaus.

prinzip ist im Museum Schloss Herrenhausen zu bewundern. Gleich daneben wacht eine Büste des berühmten Wahlhannoveraners.

Der Einfluss des Genies, der als einer der letzten Universalgelehrten gilt, auf Hannover ist enorm. Die Universität, mit 23 000 Studenten und 317 Professoren die größte Hochschule Niedersachsens, wurde 2006 nach ihm benannt. Viele Forscher berufen sich auf ihn und seine Lehren. Er ist auch Vorbild für den Wissenschaftsstandort Hannover. Mit der Medizinischen Hochschule und der Tierärztlichen Hochschule sind zwei international bedeutende Einrichtungen in dieser Stadt fest verankert. Die Gottfried-Wilhelm-Leibniz-Gesellschaft, 1966 gegründet, macht in Schriften und Vorträgen auf den Gelehrten aufmerksam und veranstaltet internationale Leibniz-Kongresse. Die Leibniz-Gemeinschaft in Berlin vereint 86 deutsche Forschungsinstitute verschiedener Fachrichtungen. Die Deutsche Forschungsgemeinschaft verleiht jedes Jahr den Gottfried-Wilhelm-Leibniz-Preis an in Deutschland arbeitende Wissenschaftler. Er ist mit bis zu 2,5 Mio. € pro Preisträger dotiert und muss projektbezogen verwendet werden, vor allem zur Förderung junger Wissenschaftler. Ein paar Stufen darunter rangiert der Leibniz-Ring. Ihn vergibt der Presse Club Hannover jährlich an Menschen oder Einrichtungen, die durch herausragende Leistung auf sich aufmerksam machten oder ein besonderes Zeichen setzten. Zu den Preisträgern gehörten die BBC in London, Roman Herzog, Sönke Wortmann, Ingeborg Schäuble oder auch der Thomanerchor Leipzig.

»RUHE IST EINE STUFE ZUR DUMMHEIT«

Leibniz war als rastloser Forscher in allen Zweigen der Wissenschaft aktiv, das Bonmot »Ruhe ist eine Stufe zur Dummheit« stammt von ihm. Er verblüffte mit seinen Studien zur Atomphysik, Medizin und Alchemie, seinen politischen Ansichten zur Einigung Europas oder seinen philosophischen und christlichen Ideen (etwa der Zusammenführung evangelischer und katholischer Christen zu einer Mutterkirche). Nach seinen Plänen stiftete Kurfürst Friedrich III. von Brandenburg 1700 die Akademie der Wissenschaften in Berlin, deren erster Präsident Leibniz wurde. Weniger bekannt ist seine Militärforschung. Er beriet sich in vielen Briefwechseln mit dem französischen Erfinder Denis Papin über den Bau eines U-Bootes. Schon damals pflegte der Hof enge Kontakte zu England, weshalb sich auch Leibniz mit der Seekriegsführung befasste. Papin, der auch als Erfinder des Schnellkochtopfes gilt, fuhr dann 1692 erstmals in seinem selbst entwickelten Unterwasserfahrzeug. Leibniz entwarf hingegen Pläne für ein Maschinengewehr, zeichnete ein Muster für Kettenhemden und entwarf Strategien, wie man Schlachten vermeidet.

Es war also eher die grenzenlose Faszination an Forschung und Technik, die ihn in diese Richtung trieb, denn Waffengewalt galt für ihn nur als letztes Mittel, um Konflikte zu lösen. Leibniz forderte etwa, Giftkampfstoffe gänzlich zu verbieten. Da zeigt sich sein ethischer Anspruch und möglicherweise auch der Einfluss seines Vaters, der Jurist und Professor für Moralphilosophie war. In dessen umfangreicher Hausbibliothek stöberte der achtjährige Sohn so ausgiebig, dass es ihm Spaß machte, sich in diesem zarten Alter Latein und Griechisch selbst beizubringen. Mit zwölf Jahren soll er sogar schon die Anfänge einer mathematischen Zeichensprache entwickelt haben. An der Leipziger Universität studierte er dann Philosophie, danach in Jena Mathematik, Physik und Astronomie.

Heute würde man ihn als Netzwerker bezeichnen: Leibniz korrespondierte mit der halben Welt. Er schrieb Briefe an Wissenschaftskollegen und Persönlichkeiten aus allen Bereichen des öffentlichen Lebens. Einen regen Briefwechsel unterhielt er auch mit Kurfürstin Sophie. Allein um die Korrespondenz mit den führenden Forschern und Politikern seiner Zeit (bekannt sind 1100 Absender aus 16 Ländern) auszuwerten und zu zeigen, stellte das Land Niedersachsen im Jahr 2009 der Leibniz-Bibliothek 10 Mio. € zur Verfügung. Ein Großteil seiner rund 15 000 Schriften gehört seit 2007 zum UNESCO-Weltdokumentenerbe. Sie sind bis heute noch lange nicht ausgewertet.

GEISTREICHE SPAZIERGÄNGE MIT KURFÜRSTIN SOPHIE

Auf einer Stahlplatte vor der Leibniz-Bibliothek stehen seine Worte: »Ich bin nicht gewohnt, mich gewissen politischen Launen einiger großer Herren zu unterwerfen.« Der Freigeist war im Dezember 1676 nach Hannover gekommen, als er ein schon länger vorliegendes Angebot Herzog Johann Friedrichs als Hofrat und Bibliothekar annahm. Seine Gönner in Mainz waren drei und vier Jahre zuvor gestorben. Es waren der Mainzer Erzbischof und der kurmainzische Oberhofmarschall, für die er Studien betrieb und Dokumente erfasste. Lieber wäre Leibniz nun allerdings nach Paris, London oder Wien gegangen, doch da fand er keine bezahlte Stelle. Hannover aber gab ihm viele Freiheiten. 1691 wurde er zusätzlich Bibliothekar der Herzog August Bibliothek in Wolfenbüttel. Gern spazierte er aber mit Kurfürstin Sophie durch den von ihr konzipierten Großen Garten. In ihr fand er eine gebildete Gesprächspartnerin. Für sie konstruierte er dann die Wasserkunst: ein Pumpwerk außerhalb des Gartens, das Wasser aus der Leine zur Fontäne pumpt. Sie erreichte damals schon rund 35 m Höhe, was in Europa einmalig war.

Leibniz war ein Tüftler. Er verbesserte die Mechanik von Türschlössern, entwickelte ein Gerät zum Messen der Windgeschwindigkeit und eine Endloskette zur Förderung von Gestein im Bergbau. Als jedoch die Umsetzung seiner Idee, die Harzbergwerke mit windgetriebenen Pumpen zu entwässern, misslang, bat er 1685 den neuen Herzog Ernst August, ihn die Geschichte des Welfenhauses schreiben zu lassen. Der willigte ein, doch durfte sich Leibniz nicht in fremde Dienste begeben. Dafür garantierte der Herzog ihm eine lebenslange Pension. Für die Recherchen zum Welfenwerk reiste er quer durch Europa, fertig wurde es allerdings nie.

Im Jahr 1711 adelte Kaiser Karl VI. Leibniz wohl und erhob ihn in den Stand eines Freiherrn, wobei bis heute die Urkunde dazu fehlt. Nachdem Kurfürstin Sophie 1714 gestorben war und ihr Sohn als Georg I. den britischen Thron bestiegen hatte, kühlte sich die Beziehung des Hofes zu Leibniz ab. Zwei Jahre später starb er in seinem Zimmer im ersten Geschoss des Erkers des heute nach ihm benannten Hauses in der Altstadt. Begraben ist er in der Neustädter Kirche in der Calenberger Neustadt. Auf seinem Sarg ließ der Hofrat ein Ornament anbringen, das eine Eins innerhalb einer Null zeigt. »Omnia ad unum« – Alles auf Einen – erinnert an das von ihm entwickelte binäre Zahlensystem.

Wo in Hannover Leibniz drin ist:

Museum Schloss Herrenhausen zeigt Leibniz' Leben (Herrenhäuser Str. 4) ◣ A1

Bronzener Leibnizkopf (Ecke Georgstraße/An der Börse) ◣ D3

Leibnizhaus (▶ S. 64) ◣ C3

Leibniztempel (im Georgengarten ▶ S. 14) ◣ A2

Leibniz Universität (Welfengarten 1) ◣ B2

Leibniz mit Kurfürstin Sophie (Bilderfries an der Fassade rechts vom Eingang zum Neuen Rathaus (▶ S. 65) ◣ D4

Leibniz-Keks (Fassadenfigur am Bahlsen-Stammhaus am Lister Platz) ◣ E1

Leibnizgrab (Neustädter Kirche ▶ S. 100) ◣ C3

Leibnizskulptur (Fassade am Künstlerhaus, auf der Konsole unter dem Baldachin am äußersten linken Flügel ▶ S. 119) ◣ D3

Leibnizufer (Flohmarkt an der Altstadt ▶ S. 63) ◣ C3

Leibnizzitat (Außenmauer zur Leine am Historischen Museum ▶ S. 118) ◣ C3

Leibniz-Bibliothek (Waterloostr. 8) ◣ C4

Leibniz-Saal (Repräsentationssaal im Leineschloss, Hinrich-Wilhelm-Kopf-Platz 1 ▶ S. 64) ◣ C3

SÜDSTADT UND BULT

Es ist die Lage. Wer etwas tiefer ins Stadtteilgeschehen eintaucht, bemerkt schnell, warum die Südstadt reizvoll ist. Kultur, Cafés und ansprechende Architektur liefern eine breite Palette zum Wohlfühlen. Und dann der Maschsee …

Die Südstadt ist beliebt. Sie gehört zu den lebendigsten Stadtteilen Hannovers. Das liegt zum einen an der Nähe zum **Maschsee** ⭐, zum anderen an belebten Orten wie dem Stephansplatz. Er ist sozusagen das Herz der Südstadt. Zur Marktzeit tummeln sich dort die Menschen – und das seit 1919. Damals entstand die Südstadt als Teil des sozialen Wohnungsbaus der Weimarer Republik mit vier- bis fünfstöckigen Klinkerhäusern. Heute lassen Schilder der Verkäufer auf dem Stephansplatz wie »leider lecker« auf den Humor der Anbieter schließen. Das Backsteinhaus an der Nordseite des Platzes ist einen Blick wert, weil es von Fritz Höger konzipiert wurde (ebenso wie das »Anzeiger«-Hochhaus).

In der Umgebung haben sich nicht nur ansprechende Cafés in alten Häusern einen guten Ruf erworben, es herrscht auch eine kreative Vielfalt an kleinen Läden. Hier wird gediegener Schmuck verkauft – wie beispiels-

◀ Das Strandbad am Südufer des Maschsees
(▶ MERIAN TopTen, S. 80) steht für alle offen.

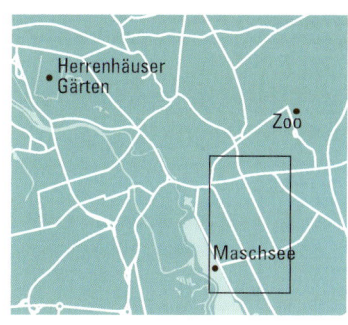

weise der »Lieblingsring« – oder »Maschseewasser«, ein Likör mit regionalen Kräutern in Bioqualität. Spitzenrestaurants sind ebenfalls zu finden. Kein Wunder, dass der Zulauf in dieses Viertel groß ist.

KIEZ STATT BEAMTENWITWE

Wer sich auf das Treiben einlässt, gewinnt ein Zugehörigkeitsgefühl zu dem, was andernorts oft als Kiez bezeichnet wird. Das war allerdings nicht immer so. Noch in den 1980er-Jahren haftete dem rund 7 qkm großen Stadtbezirk das undankbare Etikett »Beamtenwitwenviertel« an. Heute leben hier wegen der größten Dichte an Schulen in ganz Hannover viele junge Familien. Es ist der kinderreichste Stadtteil. So hat sich auch in den begrünten Hinterhöfen inzwischen ein versteckter Charme entwickelt, der bei Wettbewerben regelmäßig gewürdigt wird.

Aus den Nischen speist sich auch die lebhafte Theaterszene, etwa im Kulturzentrum Eisfabrik in der Südstadt, wo in früherer Zeit tatsächlich Eisklötze als Kühlmittel hergestellt wurden. Nach 1917 verließen hier täglich 2400 Zentner Klareis das Gelände. Wer heute in den Räumlichkeiten sitzt und dem Schauspiel zusieht, ist verblüfft über den Einfallsreichtum.

Was die bildende Kunst angeht, so führt eigentlich kein Weg am **Sprengel Museum** ⑩ vorbei. Es gehört zu den bedeutendsten Einrichtungen Deutschlands für die Kunst des 20. und 21. Jh. Und in puncto Stadtplanung ist das Hochhaus Glückauf am Geibelplatz 5 eine architektonische Besonderheit, weil es zum typischen Wohnungsbau der 1890er-Jahre gehört.

ENGESOHDE ALS ERLEBNIS

Ein Spaziergang auf dem Stadtfriedhof Engesohde kann ein Gewinn sein, weil auf ihm fast alle Prominenten der jüngeren hannoverschen Stadtgeschichte von Hofbaurat Laves bis zum Dada-Künstler Schwitters ihre letzte Ruhe gefunden haben. Es ist auch eine hübsche Parkanlage in der Nachbarschaft des Maschsees. Naturliebhaber besuchen gern die südlich angrenzende Döhrener Masch sowie die Leinemasch wegen ihrer Ursprünglichkeit. Die Alte Bult mit dem Hiroshima-Hain ist wegen ihres Gedenkens an Hannovers Partnerstadt einen Abstecher wert.

SEHENSWERTES

1 Alte Bult mit Hiroshima-Gedenkhain   F 4/5

Bis 1973 noch als Pferderennbahn genutzt, fühlen sich heute in dem Landschaftsschutzgebiet seltene Pflanzen- und Tierarten wohl – und Hunde. 1982 wurden in Gedenken an die 110 000 Todesopfer nach dem Atombombenabwurf in Hannovers Partnerstadt Hiroshima 110 Kirschbäume gepflanzt.

Südstadt | Janusz-Korczak-Allee | Stadtbahn, Bus: Kinderkrankenhaus

2 Haus der Religionen   E 5

Christen, Juden, Muslime, Buddhisten, Hindus und Bahai geben gemeinsam Einblick in ihre Glaubenswelt. Die Dauerausstellung »Religionen im Dialog« präsentiert sechs Jugendliche, wie sie ihre unterschiedlichen Bräuche in Hannover leben. Gezeigt werden auch Gegenstände der religiösen Praktiken.

Südstadt | Böhmerstr. 8 | Stadtbahn: Geibelstraße | www.haus-der-religionen.de

⭐ Maschsee   C–E 4–6

Der innenstadtnahe See (2,4 km lang, 180 bis 530 m breit, 2 m tief) verleiht Hannover maritimes Flair. 1934 wurde mit seinem Aushub begonnen. 1650 Arbeiter baggerten und schaufelten 780 000 Kubikmeter Boden weg. Der Plan dazu stammte allerdings schon aus der Jahrhundertwende. Regelmäßig nach der Schneeschmelze im Harz wurde die Leinemasch überschwemmt. Der Maschsee liegt jedoch höher als die Leine. Ein Pumpwerk an den Ricklinger Kiesteichen führt jährlich 1 bis 2 Mio. Kubikmeter Wasser hinzu, denn diese Menge verdunstet und versickert.

Heute dient der See der Freizeitgestaltung: Baden im **Strandbad** am Südufer, Rudern oder Segeln vom Nord- oder Ostufer aus, Joggen und Skaten rundherum. Wird im Winter die Eisdecke 13 cm stark, gibt die Stadt den See zum Eislaufen frei (zuletzt 2012). Dann werden auch Buden auf dem Eis aufgestellt. Jährlich im Juli/August strömen rund 2 Mio. Gäste zum **Maschseefest**. Da kommt gehörig Stimmung auf, und an der **Löwenbastion**, die dann einem kleinen Musikdorf gleicht, rocken Bands das Publikum in Wallung.

Südstadt | Rudolf-von-Bennigsen-Ufer | Bus: Maschsee/Sprengel Museum

3 Stadtfriedhof Engesohde   E 6

Wer als Hannoveraner etwas auf sich hielt, ließ sich hier begraben. So gerät heute ein Spaziergang über den fast 22 ha großen Stadtfriedhof Engesohde am Ostrand des Maschsees zu einem Blick in ein Kaleidoskop aus künstlerisch auffälligen Grabsteinen der Stadtgrößen – und zum Ufer des Maschsees. Ein Übersichtsplan weist etwa den Weg zum schlichten Grab des Künstlers Kurt Schwitters. Es trägt die sichere Erkenntnis des Dada-Meisters (1897– 1948) »Man kann ja nie wissen«.

Südstadt | Alte Döhrener Str. 96 | Stadtbahn, Bus: Altenbekener Damm

4 Stephansplatz   E 4

Quirliges Leben, unterhaltsames Treiben und rund 85 Stände – so präsentiert sich der schattige Stephansplatz seit 1919 zur Marktzeit.

🕑 Jeweils am Freitag von 8 bis 13 Uhr sind die Marktstände aufgebaut.

Südstadt | Stephansplatz | Stadtbahn: Schlägerstraße, Bus: St.-Heinrich-Kirche

theatermuseumhannover
Schauspielhaus

Stiftung
Ahlers
Pro Arte

Sophien-
klinik

Designmuseum

Veterinärmedizin-
historisches
Museum

Tierärztliche
Hochschule

Gartenk.

Marien-

Aegidientorpl.

Theater
am Aegi

Sprengel
Museum

Schläger-
str.

Galerie für
Fotografie

Nazareth-
kirche

Güterbahnhof
Hannover-Süd

Südstadt

Pauluskirche

Stephans-
platz

Bertha-
v.-Suttner-
Platz

Alte Bült mit
Hiroshima
Gedenkhain

Geibel-
str.

Haus der Religionen

Altenbekener
Damm

Altenbekener

Damm

Stadtfriedhof
Engesohde

Maschsee

0   300 m

© MERIAN-Kartographie

MUSEEN UND GALERIEN

MUSEEN

⑤ Designmuseum ▸ S. 118
⑩ Sprengel Museum ▸ S. 120
⑥ Veterinärmedizinhistorisches Museum ▸ S. 122

GALERIEN

⑦ Galerie für Fotografie 🚩 ▸ S. 123

ESSEN UND TRINKEN

RESTAURANTS

⑧ bell'Arte 🚩 D 4

Kunst mit Seeblick – Von der Terrasse im Sprengel Museum die Sicht auf den Maschsee genießen und die gerade gewonnenen Erkenntnisse mit der Kunst verdauen sowie erstklassige Menüs verzehren – das gelingt in diesem Lokal vorbildlich. Gluten- und laktosefreie Gerichte sind ebenfalls im Angebot.

Südstadt | Kurt-Schwitters-Platz 1 | Stadtbahn: Schlägerstr, Bus: Maschsee/Sprengel Museum | Tel. 80 93 33 3 | www.bellarte.de | Di–So 11–24 Uhr | €€

⑨ Die Insel 🚩 E 6

Höchstes Niveau – Sternekoch Norbert Schu serviert hier das Edelste aus aller Welt mit dem Besten der Region. Die Karte wechselt täglich. Mittags sind die Gerichte auch mal gutbürgerlich, am Abend kreativ mit Gänseleber, Hummer, Steinbutt. 1950 Spitzenweine und bester Blick über den Maschsee.

Döhren | Rudolf-von-Bennigsen-Ufer 81 | Stadtbahn: Döhrener Turm | Tel. 83 12 14 | www.dieinsel.com | tgl. ab 11.30 Uhr | €€€€

⑩ Högers 1910 🚩 E 4

Jugendstilschönheit – Große Bar und ebenerdige Kneipe mit großen Schaufenstern auf den Stephansplatz hinaus. Die traditionelle deutsche Küche wird mit Pizza und Pasta ergänzt. Langschläfer dürfen bis 15 Uhr frühstücken, sonntags sogar mit einem kalten und warmen Büfett (bis 14 Uhr).

Südstadt | Oesterleystr. 6–7 | Stadtbahn: Schlägerstraße, Bus: St.-Heinrich-Kirche | Tel. 51 06 42 5 | www.hoegers-1910.de | Mo–Sa ab 9, So ab 10 Uhr | €

⑪ Kale 🚩 F 5

Türkisch für Fortgeschrittene – Auf zwei Ebenen oder draußen können die Gäste Platz nehmen, den Köchen in die Töpfe schauen und das Lamm im Tontopf genießen. Auch die Beyti-Spieße sind sehr zu empfehlen.

Südstadt | Mainzerstr. 6 b | S-Bahn, Bus: Bahnhof Bismarckstraße | Tel. 22 83 95 00 | www.kale-restaurant.de | tgl. 17–23, So auch 12–15 Uhr | €€

⑫ Pier 51 🚩 D 5

Für Genießer – Wenn man den Ausblick essen könnte, würde dieses Haus im Maschsee definitiv Platz eins belegen. Die mit mediterranen Gerichten sowie Kuchen bestückte Küche bietet jedem Gast etwas. Draußen kann man entspannt im Strandkorb sitzen und den Booten zuschauen. Eine Reservierung ist empfehlenswert.

Südstadt | Rudolf-von-Bennigsen-Ufer 51 | Stadtbahn, Bus: Altenbekener Damm | Tel. 80 71 80 0 | www.pier51.de | tgl. 12–24, Küche 12–14.30, Di–Sa 18–22 Uhr | €€€

⑬ Tesoro 🚩 E 3

Zum Verwöhnen gut – Modernes, dunkles Ambiente mit einer fröhlichen Bedienung und einer ehrgeizigen italienischen Erlebnisküche. Carpaccio und Rumpsteak sind zart, der Fisch und die hausgemachten Bandnudeln frisch.

Südstadt | Marienstr. 113 | Stadtbahn, Bus: Braunschweiger Platz | Tel. 85 64 07 59 | www.ristorante-tesoro.de | tgl. 11.30–15, 17.30–23 Uhr | €€€

14 Trattoria Emilia  E 4

Authentisch – Die Bestellung wird auf die (ökologisch wertvolle) Papiertischdecke geschrieben, an den Wänden sind Rezepte notiert, hängen Schinken und luftgetrocknete Salami, auf einem Hocker thront ein Laib Parmesan – und fast alles stammt vom familieneigenen Betrieb in der norditalienischen Region Emilia-Romagna. Sogar das Wildschwein für das köstliche Gulasch ist in Italien selbst erlegt. Allein 35 Sorten handgemachte Ravioli mit ungewöhnlichen Füllungen sind im Angebot. Reservierung empfohlen.

Südstadt | Bandelstr. 2 | Stadtbahn: Geibelstraße | Tel. 49 44 53 | www.face book.com/Trattoria.Emilia | Di–So 17.30– 22.30, So auch 12.30–15 Uhr | €€

15 Zanzarelli E 4

Lebenskunst – Der Mittagstisch ist hier ganztags zu haben, die frische Pasta und hausgemachte Soßen können Sie auch einpacken. Kaffee, Weine und 32 verschiedene Trinkschokoladen schmecken in dem kleinen Laden neben echter Kunst doppelt gut.

Südstadt | Hildesheimer Str. 72 | Stadtbahn: Geibelstraße | Tel. 2 35 29 23 | www.zanzarelli.de | Mo–Fr 10–20, Sa 10–16 Uhr | €

16 Zauberlehrling D 5

Meisterhaft traditionell – Niedersächsische Küche von deftig bis delikat. Im Weinkeller kann auch gefeiert werden. Dort lagern neben deutschen Weinen

Die freie Theatergruppe Commedia Futura (▶ S. 85) hat im Kulturzentrum Eisfabrik ihr Zuhause. Elemente des Sprechtheaters kommen ebenso zum Einsatz wie Tanz, Musik und Videoclips.

auch edle Tropfen aus Bordeaux und der spanischen Rioja. Im Raucherklub am Kamin stehen zum Whiskey 22 Zigarrensorten zur Auswahl.
Südstadt | Geibelstr. 77 | Stadtbahn, Bus: Altenbekener Damm | Tel. 89 96 36 33 | www.derzauberlehrling.com | tgl. 12–24, Küche 12–14.30, 18–22 Uhr | €€€

CAFÉS

⓱ Goldfisch ◪ E 4

SchokoBrunnen – Beim After-Work-Cocktail (Di–Fr 18–20 Uhr) oder »Vino per due« (Sa ab 18 Uhr) trifft man junge Einheimische im Retro-Ambiente. Der Schokoladenbrunnen mit frischen Früchten (vorbestellen) ist der Hit.
Südstadt | Sallstr. 48 | Stadtbahn: Marienstraße, Bus: Stolzestraße | Tel. 6 07 69 19 | www.goldfisch-hannover.de | Mo–Fr ab 17, Sa ab 18, So ab 10 Uhr

⓲ Ulbrichs Kaffeehaus ◪ E 4

Das Echte – Seit dem Jahr 1956 röstet Erhard Ulbrich Kaffeebohnen. Schon der Geruch animiert die Sinne.
Südstadt | Krausenstr. 11 a | Stadtbahn: Schlägerstraße | Tel. 88 98 09 | www.ulbrichskaffeehaus.de | Mo–Fr 7–20, Sa 8–14 Uhr

BARS UND KNEIPEN

⓳ Barolo & friends ◪ E 4

Kleine Weinbar auf zwei Ebenen – Unten Terrazzo, Kacheln und helle Ledersessel, oben eine gemütliche Bar. Die Sommelière holt die edlen Tropfen direkt aus der norditalienischen Region Piemont und bringt bei dieser Gelegenheit auch Salami, Käse und Trüffel mit. Daraus entstehen die schmackhaften kleinen Häppchen. Große Auswahl an offenen Weinen.

Südstadt | Stolzestr. 40 | Stadtbahn: Braunschweiger Platz, Bus: Stolzestraße | Tel. 4 50 32 20 | www.baroloandfriends.com | Di–Sa 18–24 Uhr

⓴ Spiegel Bar ◪ F 5

Neues Barleben – Blaues Licht, moderne Bar-Lounge, Fußball live. An das Magazin »Der Spiegel«, in Hannover gegründet, erinnert nur der Schriftzug.
Südstadt | Altenbekener Damm 17 | Stadtbahn: Bahnhof Bismarckstraße, Altenbekener Damm, Bus: Stresemannallee | Tel. 0176 65 68 52 36 | www.spiegel-hannover.de | Di–Fr 16.30–1, Sa 15–1, So 15–21 Uhr

EINKAUFEN

BÜCHER

㉑ Cruses Buchladen ◪ E 4

In der ältesten Buchhandlung Hannovers erhalten Kunden seit 1815 auch Tipps jenseits der Bestsellerlisten.
Südstadt | Hildesheimer Str. 74 | Stadtbahn: Geibelstraße | www.cruses.de | Mo–Fr 9.30–13.30, 15–18.30, Sa 9.30–13.30 Uhr

GESCHENKE

㉒ Esplanade Wein, Mode & Interieur ◪ E 5

Auf zwei Stockwerken werden rund 300 Weine, Geschenkartikel und ausgefallene Modestücke angeboten.
Südstadt | Geibelstr. 39/41 | Stadtbahn: Geibelstraße | www.esplanade-hannover.de | Mo–Do 11–19, Fr 10–19, Sa 11–18 Uhr

KULINARISCHES

㉓ Bäckerei und Konditorei Borchers ◪ D 4

Hier wird das Backhandwerk schon seit 1847 betrieben. Verarbeitet werden nur

selbst hergestellte Vorteige. Der Butterkuchen aus dem Holzbackofen ist beliebt. Zur Weihnachtszeit werden hier
noch die »Hitjepuppen« hergestellt, das
sind althannoversche Zuckerbilder.
Südstadt | Hildesheimer Str. 44 |
Stadtbahn: Schlägerstraße | www.
baeckereiborchers.de | Mo–Fr 10–19,
Sa 10–14 Uhr

24 Elea – Olivenöl und Wein

 E 4

Was alles aus Oliven hergestellt wird,
gibt es hier in Bioqualität: Öl, Seifen,
Kosmetik, Schalen. Dazu sind noch
Weine im Sortiment – und »Maschseewasser«. Dieses originelle Mitbringsel
ist ein Likör aus Kräutern und Früchten, wie sie alle in der Leinemasch zu
finden wären, doch diese kommen aus
biologischem Anbau.
Südstadt | Geibelstr. 18 | Stadtbahn:
Geibelstraße | www.elea-hannover.de |
Mo–Fr 10–18, Sa 9–14 Uhr

25 JG Hildebrandt

E 4

Seit 1877 im Weinhandel aktiv. Heute
sind rund 600 verschiedene Sorten
vorrätig. Whiskey- und Rumspezialitä-
ten gehören ebenfalls dazu. Der »Hannoversche Rotsporn Bordeaux« erfreut
mit zwei Varianten.
Südstadt | Mendelsohnstr. 1 | Stadt-
bahn: Geibelstraße | www.weinhilde
brandt.de | Mo–Fr 10–18, Sa 9–14 Uhr

SCHMUCK

26 Heike Meiners Schmuck-
gestaltung

E 4

Die Goldschmiedin und Diplomdesig-
nerin entwirft ansprechende Ringe und
Ketten und gibt ihr Wissen in zahlreichen Kursen gerne an Laien weiter.

Südstadt | Seilerstr. 8 | Stadtbahn:
Schlägerstraße, Bus: Stolzestraße |
www.heikemeiners.de | Di–Do 15–
18 Uhr und nach Vereinbarung

27 Schmuckideen ▸ S. 37

WOHNEN

28 SofaLoft-Kultur

 F 5

Zusätzlich zum »normalen« Angebot
eines Möbelhauses werden Prototypen
und Messemodelle verkauft. Der Zu-
satz »Kultur« bezieht sich auf die
1200 qm große Kulturetage, auf der
wechselnde Ausstellungen zu sehen
sind. Lesungen und Kleinkunst werden
auf der »Kulturbühne« gezeigt. Donnerstags ist um 20 Uhr Kino angesagt,
am Samstag um 15 Uhr Kinderkino.
Südstadt | Jordanstr. 26 | Bus: Jordan-
straße | www.sofaloft.de | Mo, Mi–Fr
10–19, Sa 10–18 Uhr

KULTUR UND UNTERHALTUNG

THEATER

29 Commedia Futura (Eisfabrik)

E 4

Sprechtheater wird zusammen mit
Tanz, Video, Licht- und Soundcollagen
zu experimentellen Multimedia-Insze-
nierungen aufbereitet.
Südstadt | Seilerstr. 15 f | Stadtbahn:
Schlägerstraße, Marienstraße, Bus: Stolze-
straße | Tel. 81 63 53 | www.commedia-
futura.de

30 Hinterbühne

 D 4

Schauspiel, Kabarett und Kleinkunst
unterhalten das Publikum in einer ehemaligen Werkstatt mit kleiner Bühne.
Südstadt | Hildesheimer Str. 39 a |
Stadtbahn: Schlägerstraße | Tel. 3 50
60 70 | www.die-hinterbuehne.de

LIST UND OSTSTADT

Dieses Quartier trifft das Lebensgefühl vieler junger Familien und Freunde fröhlicher Vielfalt. Die List zählt zu den begehrten Adressen in Hannover. Kernstück ist die Lister Meile, ein Paradies zum Schlendern und Einkehren.

Lebenslust – das verkörpern diese Stadtteile für viele. Die Oststadt schließt sich nördlich an den Hauptbahnhof an und geht in die List weiter nördlich über. Das benachbarte Zooviertel gilt wegen seiner Prachtvillen als vornehm, der spätere Reichspräsident Paul von Hindenburg lebte bis 1925 ein paar Jahre hier. Kuppelsaal, Stadtpark, **Zoo** 8 und Teile der Eilenriede liegen im Zooviertel. Das Leben aber geht vor allem vom Stadtteil List aus.

MÖNCHE MITTEN IM STÄDTISCHEN LEBEN

Das seit 2014 wieder neu eröffnete Veranstaltungs- und Kommunikationszentrum Pavillon nahe am nördlichen Rand des Hauptbahnhofs mit dem beliebten Café Mezzo zieht die Gäste an. Von dort erstreckt sich die Lister Meile bis zum Lister Platz. Auf der 1,6 km langen, beliebtesten Flaniermeile der Landeshauptstadt finden Sie eine Vielzahl an kleinen,

◄ Terrassencafé am von Gründerzeitbauten
umgebenen Wedekindplatz (▶ S. 87).

kreativen Läden und Lokalen. Vermutlich könnte man auch, ohne zwischendrin atmen zu müssen, von einem Cappuccino-Treff zum nächsten gehen. Es sind kleine Teeläden wie Emma, Konzertlokale wie das Kanapee mit Wohnzimmeratmosphäre, die zum guten Lebensgefühl der List beitragen. Zu Märkten und Moneten kommen auch noch Mönche. Fünf Benediktiner leben in einem Kloster hinter der Fassade eines schmucken Stadthauses in der Voßstraße und laden Interessierte zur Meditation ein. Die Cella Sankt Benedikt betreibt unten einen Klosterladen mit handverlesenen Bioprodukten. Auch der Wedekindplatz, »Klein-Paris« genannt, ist ein Beispiel für die fröhliche Vielfalt der List: Nebeneinander versprühen ein vegetarisches Café, zwei kreative Modegeschäfte für Frauen, ein Korkladen, ein Weingeschäft, zwei Kneipen, ein origineller Schuhmachermeister, ein Taschenladen, ein Mutter-Kind-Café und zwei Einrichtungsstudios französisches Flair.
Dabei entstand die List aus einem Dorf – erstmals 1304 urkundlich erwähnt als »campo ville list« – mit vier Gebäuden. In der Höfestr. 6 erinnert das letzte restaurierte Fachwerkhaus an die alte Zeit. Namen der Bauernfamilien Kollenrodt und Kokemüller, die einst durch Landverkauf reich wurden, haben sich als Straßennamen erhalten.

PELIKAN UND BAHLSEN

1387 wurde der Lister Turm zur Bewachung der Eilenriede vor Holzdieben errichtet. Seit 1681 hatte der Holzwärter auch die Lizenz zum Getränkeausschank. Der Biergarten Lister Turm setzt diese Tradition bis heute fort. Damals hatte die List nur 180 Einwohner, heute sind es 43 500. Der Aufschwung begann, als das Dorf 1897 Anschluss ans Straßenbahnnetz bekam: In kurzer Zeit wurden die Günther-Wagner-Pelikan-Werke gebaut, die Fabrik der Deutschen Grammophon-Gesellschaft wechselte von der Nordstadt an die »Podbi«, das Stammhaus Hermann Bahlsen entstand nahe des Lister Platzes. Noch heute stellen die schmucken Wohnhäuser jener Gründerzeit eine Visitenkarte des Stadtteils dar, besonders schön in der Körtingstraße an der Lister Meile zu bestaunen.

SEHENSWERTES

① Eilenriede   E/F 1/2

Die Eilenriede ist mit 650 ha bzw. der Größe von 600 Fußballfeldern einer der ausgedehntesten Stadtwälder Europas im Herzen einer Großstadt. Zum Vergleich: Der New Yorker Central Park muss sich beispielsweise mit der Größe von 318 Fußballfeldern begnügen. Die Eilenriede – wörtlich ein Erlensumpf – durchziehen etwa 130 km Wege. Gute Startpunkte für kleine Wanderungen: die Hochschule für Musik und Theater am Emmichplatz (Bus 128 und 134), die Pfade rechts und links des **Döhrener Turms** (Stadtbahn Nr. 1, 2, 8) sowie vom Zoo aus (Endstation Stadtbahn Nr. 11). Dort ist die Fritz-Behrens-Allee zur **Waldgaststätte Steuerndieb** am Wochenende für Autos gesperrt.

② Hochschule für Musik, Theater und Medien   E 3

Im Betonbau in Ohrform von 1973 studieren junge Menschen aus aller Welt Musik, Oper, Schauspiel, Ballett und Medien. Oft gibt es Studentenauftritte und Diplomkonzerte gratis zu sehen und zu hören, für andere Veranstaltungren lassen sich Karten vorbestellen.

🕐 Montags im Semester steigt um 13 Uhr das »Konzert am Mittag«.

Zoo | Emmichplatz 1 | Stadtbahn: Sedanstraße, Bus: Emmichplatz | Konzertkarten Tel. 3 10 03 33 | www. hmtm-hannover.de

③ Stadtpark mit HCC   F 3

Den größten Zulauf hatte der 1914 angelegte Stadtpark 1951 – zur ersten Bundesgartenschau. Die Staudenbeete, Rhododendren und 140 Rosenarten sind auch heute noch sehenswert.

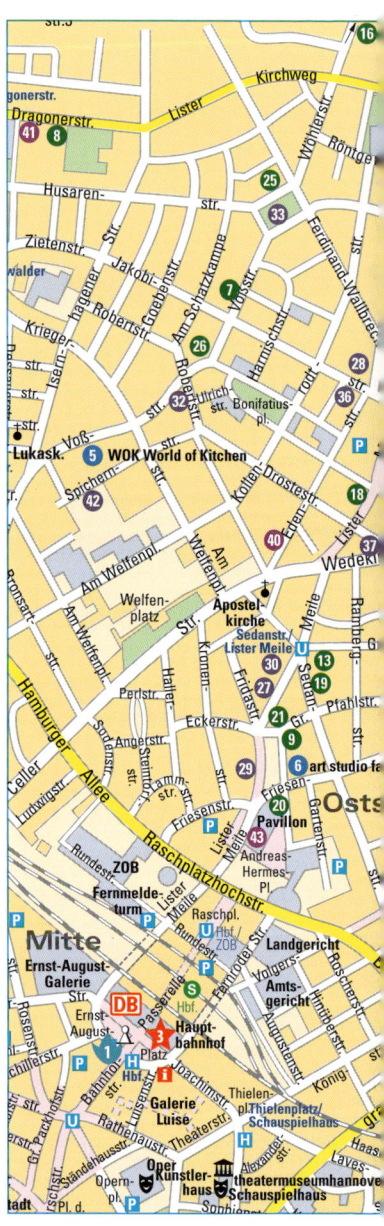

© MERIAN-Kartographie

Seit 1996 ziert ein japanisches Teehaus den Garten, ein Geschenk der Partnerstadt Hiroshima. Die benachbarte **Stadthalle** mit dem Kuppelsaal, dem größten Konzertsaal Deutschlands, mit 3600 Sitzplätzen gehört zum HCC (Hannover Congress Centrum).

Zoo | Theodor-Heuss-Platz | Stadtbahn, Bus: HCC

Wollen Sie's wagen?

Lust auf »House Running«: An der Fassade des Hotels am Stadtpark können Sie vom Dach aus 50 m senkrecht abwärts laufen. Natürlich sind Sie am Seil mehrfach gesichert – und können einen Ausblick auf Stadtpark, Bahngleise und Tennisplätze genießen, wenn das die Aufregung zulässt.

Mehrere Termine April–Okt., Anmeldung erforderlich | www.house-running.de | ab 49 €

---

4 Villa Seligmann E2

Das 2012 eröffnete europäische Zentrum für Jüdische Musik erfüllt die Jugendstilvilla des einstigen Direktors der Firma Continental mit neuem Leben. Gruppenführungen nach Absprache.

Oststadt | Hohenzollernstr. 39 | Bus: Wedekindstraße, Stadtbahn: Lister Platz | www.villa-seligmann.de | Karten: www.seligmann.haz.de

8 Zoo 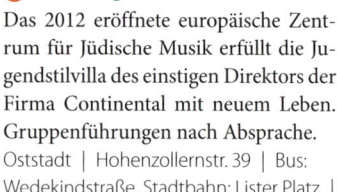 F2

3300 Tiere fühlen sich dort so gut wie heimisch. Im Erlebniszoo, er wurde fünfmal zum »Besten Zoo« Deutschlands gewählt, leben die Bewohner in Gehegen und Landschaften, die den natürlichen Lebensräumen mit großer Detailliebe nachempfunden sind. Rund 1,6 Mio. Gäste im Jahr schauen sich die sieben Themenwelten an. »Yukon Bay« ist ein nachgebautes Dorf in Kanada, das das Leben der Eisbären, Robben und Bisons zeigt sowie den nördlichsten Pinguinzoo der Welt beherbergt. Außerdem geht es per Boot durch die Sambesi-Landschaft Afrikas, zu Fuß zum Gorillaberg, durchs Outback Australiens oder in den indischen Dschungelpalast. Dort leben Elefanten und Leoparden. Historische Fachwerkhäuser bilden **Meyers Hof**, ein Lokal mit Biergarten. Im Winter wird auf einem gefluteten Dorfteich Schlittschuh gefahren und am Hang gerodelt. Es gibt Krimi-Dinner (▶ S. 91).

Zoo | Adenauerallee 3 | Stadtbahn, Bus: Zoo | www.zoo-hannover.de | tgl. 9–18 Uhr (Winter 10–16 Uhr) | Eintritt 25 €, Kinder 13,50/17 €, Hunde 9 € (Winter: 17,50 €, Kinder 10,50/14 €, Hunde 9 €)

MUSEEN UND GALERIEN
MUSEEN
5 WOK-Küchenmuseum ▶ S. 122

GALERIEN
6 art studio fael ▶ S. 123

ESSEN UND TRINKEN
RESTAURANTS
7 Azurro ▶ S. 28
8 Basil ▶ S. 28

9 Clichy D2

Luxus ohne Firlefanz – Sitzen auf Lederstühlen oder im gemütlichen Sofa: Die französische Küche glänzt mit Wünsch-dir-was-Menüs zu drei und

Auge in Auge mit dem König der Savanne. Der Erlebniszoo (▶ MERIAN TopTen, S. 90) zeigt die Tiere in Landschaften, die ihrer ursprünglichen Heimat nachempfunden sind.

vier Gängen. Auf der Weinkarte sind viele gute Tropfen aus Frankreich und Deutschland zu finden.

Oststadt | Weißekreuzstr. 31 | Stadtbahn: Sedanstraße | Tel. 31 24 47 | www.clichy. de | Mo–Sa 18–23 Uhr | €€€€

⑩ Gottfrieds 🚩 F3

In sportlichem Rahmen – Zwischen Zoo und Stadtpark liegt versteckt im Grünen auf dem Gelände eines Tennisklubs ein hochwertiges Lokal.

Zoo | Theodor-Heuss-Platz 6 | Stadtbahn, Bus: Congress-Centrum | Tel. 81 23 62 | www.gottfrieds-restaurant.de | tgl. 11–23 Uhr | €€

⑪ Krimi-Dinner im Zoo 🚩 F2

Tierisch spannend – »Mord beim Maharadscha« oder »Sherlock Holmes in Yukon Bay« – im Winter öffnet der Zoo an 34 Abenden seine Türen für Krimi-Musicals mit Dinner-Menü.

Zoo | Adenauerallee 3 | Stadtbahn, Bus: Zoo | www.zoo-hannover.de | Nov.–März | 99 € (Karten unter www.feine-dinner-shows.de)

⑫ Krauses Schweinehaus E1

Schwein gehabt – Neben Deftigem vom Schwein (aus kontrollierter Aufzucht) kommen auch Suppen und Salate, Rind und Fisch auf den Tisch. Das Publikum ist bunt gemischt. Steffi Graf war mit André Agassi auch schon hier.

List | Podbielskistr. 73 | Stadtbahn: Lortzingstraße, Bus: Vier Grenzen | Tel. 66 73 67 | www.krauses-schweinehaus. de | tgl. ab 17 Uhr, feiertags geschl. | €

⑬ La Locanda D2

Piano, piano – Gehobene italienische Küche mit selbst gemachter Pasta in Bioqualität. Der Chef setzt sich zu späterer Stunde gern ans Klavier. Exzellentes Carpaccio, beste Trüffelgerichte.

Wollen Sie's wagen?

Neu verföhnt: Bei der Top-Friseur-schule »Trio academy« sich die Haare von einem Auszubildenden stylen zu lassen könnte einer Mutprobe ähneln. Keine Angst, es sind Profis am Werk. Eine Meisterin berät vorher und kont-rolliert zwischendurch immer wieder das Ergebnis. Eine Stunde sollte man allerdings schon einplanen. Waschen, schneiden, föhnen kostet 13 €.

Oststadt | Lister Meile 25 | Stadt-bahn: Hauptbahnhof | Terminver-einbarung unter Tel. 3 88 83 19 | www.trio-hair.net | Mo–Fr 9–18 Uhr

---

Oststadt | Gretchenstr. 9 | Stadtbahn: Sedanstraße | Tel. 17 17 | www.la locanda-hannover.de | Di–Sa 17–23, So 12–22.30 Uhr | €€

⓮ Le Monde 🌿 E 1

Savoir-vivre – Küchenchef Ingo Welt zeigt in typischer Bistro-Atmosphäre französische Küche von deftig bis deli-kat – ganz ohne »Chichi«. Das Vorspei-senangebot ist riesig, die Menüpreise sind günstig, die Desserts himmlisch.

List | Podbielskistr. 107 | Stadtbahn, Bus: Vier Grenzen | Tel. 78 12 11 | www.le-monde-bistro.de | Di–Sa ab 18 Uhr | €€

⓯ Parkrestaurant HCC 🌿 F 3

Neues Grün – Mit Blick auf den Stadt-park kommt Bodenständiges auf den Tisch, das allerdings in ambitionierter Bioqualität. Auch Veganer werden hier fündig. Die Kräuter stammen aus dem eigenen Garten.

Zoo | Theodor-Heuss-Platz 1–3 | Stadtbahn, Bus: Congress-Centrum | Tel. 8 11 30 | www.hcc.de | Mo–Sa 11–22, So 10–18 Uhr | €€

⓰ Schifftaurant 🌿 nördl. D 1

Fisch in seinem Element – Auf dem 50 m langen, 1928 gebauten Schlepp-leichter wird heute im Schiffsbauch und auf dem Sonnendeck Bodenstän-diges aufgetischt. Besonders zu emp-fehlen sind die Fischgerichte und die Weine aus biologischem Anbau. Preis-werter Mittagstisch 12 bis 14.30 Uhr, sonntags 10 bis 15 Uhr Brunch.

List | Werftstr. 19 | Stadtbahn: Großer Kolonnenweg, Bus: Nordring | Tel. 54 55 80 98 | www.schifftaurant.de | Mo–Sa ab 12, So ab 10 Uhr | €€

CAFÉS

⓱ Café Fofftein 🌿 E 2

Gar nicht platt – »fofftein moken« ist Plattdeutsch, heißt so viel wie »Pause machen« und leitet sich von der ehema-ligen gesetzlichen 15-Minuten-Früh-stückspause ab. Das geht mit Frühstück zum Ankreuzen bis 14.30 Uhr.

Oststadt | Bödeckerstr. 27 | Stadtbahn: Sedanstraße, Bus: Dreifaltigkeitskirche | Tel. 89 76 56 15 | www.cafe-fofftein.de | Di–Fr 8.30–18, Sa 10–16, So 10–18 Uhr

⓲ Emma Tea 🌿 D 2

Bio-Teatime – Die Tee-Sommelière serviert auch Pancakes, Suppen und Kuchen – alles in Bioqualität. Zu den Räumlichkeiten im indischen, japani-schen und marokkanischen Stil passt auch das umfangreiche Teesortiment.

Oststadt | Lister Meile 69 | Stadtbahn, Bus: Lister Platz | Tel. 37 05 38 38 | www. emma-tea.de | Mo–Fr 9–19, Sa 10–17 Uhr

19 Kleinkunstcafé Lohengrin 🛶🚩 D 2

Bunt ist Trumpf – Große Frühstücks-auswahl, kleine Speisen und ganz viel Kleinkunst. Gelegentlich wird ein Kri-mi-Dinner veranstaltet.

Oststadt | Sedanstr. 35 | Stadtbahn: Sedanstraße | Tel. 33 28 35 | www.cafe lohengrin.de | Mo–Sa 9–19, So 10–19 Uhr, bei Veranstaltungen auch länger

20 Mezzo ▸ S. 29
21 Pâtisserie Elysée ▸ S. 29

22 Lister Turm Biergarten 🛶🚩 E 1

Am Rand der Eilenriede – Unter ho-hen Bäumen finden in idyllischer Um-gebung am Rand des Stadtwalds von Hannover 1000 Gäste Platz. Fußball live auf Großleinwand, und es gibt zwei große Spielplätze in der Nachbarschaft.

List | Walderseestr. 100 | Stadtbahn, Bus: Lister Platz | www.lister-turm-biergarten-hannover.de | Mo–Fr 15–1, Sa 12–1, So 11–1 Uhr

BARS UND KNEIPEN

23 Banco 🛶🚩 E 2

Geschmackvoll – Hier wird zuerst der Wein gewählt, dazu wird dann das pas-sende Gericht empfohlen. Willkom-men ist auch, wer in den behaglichen Räumen lediglich die rund 30 offenen Weine probieren will.

Oststadt | Lärchenstr. 2 | Stadtbahn: Sedanstraße | Tel. 89 71 17 35 | www. banco-hannover.de | Di–Sa 18–24 Uhr

24 Harry's New York Bar 🛶🚩 E 2

Stilvoll – Donnerstag bis Samstag Kla-viermusik live, der man in schweren Ledersesseln oder am langen Tresen lauscht. Bekannt für Whiskys und Wei-ne sowie rund 220 Cocktailsorten.

List | Pelikanplatz 31 | Stadtbahn: Pelikanstraße | Tel. 9 09 38 99 | www. harrys-newyork-bar.de | Mo–Do 18–1, Fr, Sa 20–2 Uhr

25 Milou 🚩 🛶🚩 D 1

Perfekt zu jeder Tageszeit – Vorne sty-lische Bar und Lounge, hinten ruhiges Restaurant: Frühstück bis 17 Uhr, da-nach Abendkarte und dazwischen noch Mittagstisch. Neben 100 Cocktails sind auch 20 Weine im offenen Ausschank – alle professionell beschrieben.

List | Moltkeplatz 11 | Stadtbahn, Bus: Moltkeplatz | Tel. 90 88 80 70 | tgl. 9–1 Uhr

26 Plümecke 🛶🚩 D 1

Wie früher – In der Studenten- und Politikerkneipe wurde seit Jahrzehnten nicht viel verändert. Die Deckel wer-den an der Kasse bezahlt, die Wirtin bestimmt die Sitzordnung.

List | Voßstr. 39 | Stadtbahn: Lister Platz, Bus: Jakobistraße | Tel. 66 09 69 | Mo–Fr ab 17 Uhr

EINKAUFEN
BÜCHER

27 Leuenhagen und Paris 🛶🚩 D 2

Seit 1952 wird in diesem Familienbe-trieb bereits in dritter Generation Lite-ratur »gelebt«. Ein eigener Musik- und Buchverlag kümmert sich um regiona-le Künstler. Wöchentliche Lesungen.

Ostadt | Lister Meile 39 | Stadtbahn: Sedanstraße | www.leuenhagen-paris. de | Mo–Fr 9.30–19, Sa 10–16 Uhr

28 Litera 🛶🚩 D 1

Eher für die intellektuelle Kundschaft. In jedem Fall gibt es eine anregende Auswahl von Titeln.

List | Jakobistr. 12 | Stadtbahn: Lister Platz | www.litera-hannover.de | Mo–Fr 10–18, Sa 10–13.30 Uhr

29 Tao Buchladen ⮚ D 2

Bücher zu den Themen Gesundheit, Lebenshilfe, Religion und Esoterik.

Oststadt | Lister Meile 19 | Stadtbahn: Hauptbahnhof | www.tao-buchhand lung.de | Mo–Fr 10–19, Sa 10–15 Uhr

HÜTE

30 Hut Ruhe ⮚ D 2

Hier wurde schon für Adenauer ein Hut gefertigt, heute stapeln sich 4000 Modelle in dem kleinen Laden. Im eigenen Atelier werden Damenhüte hergestellt.

Oststadt | Lister Meile 41 | Stadtbahn: Sedanstraße | www.hut-ruhe.de | Mo–Fr 9.30–18.30, Sa 10–14 Uhr

KULINARISCHES

31 Bahlsen Fabrikverkauf ▶ S. 36

32 Cella Sankt Benedikt ⮚ D 1

Im Klosterladen der Benediktinerabtei Königsmünster aus Meschede werden Weine, Geschenkartikel und Öle verkauft. Teilnahme an Gebeten (▶ S. 52).

List | Voßstr. 36 | Stadtbahn: Lister Platz, Bus: Jakobistraße | www.cella-sankt-benedikt.de | Di–Fr 10–12.30, 15–17.30, Sa 15–17.30 Uhr

33 Markt am Moltkeplatz ⮚ D 1

Mittwochs regulärer Markt, samstags Bauernmarkt – »der« Treff in der List.

List | Moltkeplatz | Stadtbahn: Lister Platz, Bus: Moltkeplatz | Mi 8–13 Uhr, Bauernmarkt Sa 8–13 Uhr

LEDER

34 Incorknito ⚑ ⮚ D 2

Überraschendes aus Korkleder: Schuhe, Taschen und sogar Schmuck.

Oststadt | Flüggestr. 14 | Stadtbahn: Sedanstraße, Bus: Wedekindstraße |

Stimmungsvoller Rahmen für die Konzertauftritte namhafter Künstler wie junger Talente: Das Kanapee (▶ S. 95) ist längst zur Institution im städtischen Kulturleben geworden.

www.incorknito.de | Mo 14–18.30, Di–Fr 10.30–13, 14–18.30, Sa 10.30–15 Uhr

MODE

35 Paraphernalia Tand und Gewand
🚋 E 1

Ausgefallene Mode kleinerer Marken von bunt bis schlicht, dazu gesellen sich Taschen und Schmuck.

List | Podbielskistr. 10 | Stadtbahn: Lister Platz | www.paramoda.de | Mo–Fr 10.30–18, Sa 10–15 Uhr

36 Regina Himmel
🚋 D 1

Vorne kann in der aktuellen Kollektion gestöbert werden, hinten wird die neue entworfen. Die Designerin ändert auf Wunsch der Kunden auch gleich und passt die »Mode von der Stange« an die eigenen Vorstellungen an.

List | Jakobistr. 13 c | Stadtbahn: Lister Platz | Di–Fr 11–18, Sa 10–14 Uhr

37 Suse Schneeweiss
🚋 D 2

Im Atelier mit Showroom wird extravagante Mode noch liebevoll von Hand und gerne nach Maß gefertigt. Auch Hüte und Taschen sind im Angebot. Die Designerin hat eine unverkennbare Vorliebe für alte Gobelinstoffe.

Oststadt | Drostestr. 1 | Stadtbahn: Sedanstraße | www.suseschneeweiss.de | Di–Fr 11–19, Sa 11–15 Uhr

SCHMUCK

38 Galerie März
🚋 E 3

Gold, Silber oder Platin – Designer Robert Gebhard entwirft Stücke von minimalistisch und reduziert bis verspielt oder skulptural anmutend für alle Preislagen. Dazu gibt's Ausstellungen.

Zoo | Seelhorststr. 6 | Bus: Emmichplatz/Musikhochschule | www.

schmuck-hannover.de | Mo–Fr 9.30–18, Sa 10–14 Uhr

SCHREIBWAREN

39 Pelikan Outlet ▶ S. 37

KULTUR UND UNTERHALTUNG

LIVEMUSIK

40 Kanapee
🚋 D 2

Seit mehr als 30 Jahren werden hier zum Essen Jazz, Klassik oder Chansons im Wohnzimmerambiente aufgeführt. Man sitzt wie bei Freunden gemeinsam am Tisch und spendet für den Künstler.

List | Edenstr. 1 | Stadtbahn: Sedanstraße | Tel. 3 48 17 17 | www.kanapee.de | Di ab 18 Uhr, Mo, Fr, Sa nur bei Events | Eintritt frei, Reservierung empfohlen

TANZEN

41 Acanto
🚋 D 1

Im ehemaligen Reitstall mit Kreuzgewölbe und Kronleuchtern wird zu Funk, Soul und Latin abgetanzt.

List | Dragonerstr. 28 | Stadtbahn: Dragonerstraße | www.acantohannover.de | Do ab 20 Uhr After-Work-Party, Fr, Sa ab 21 Uhr

THEATER

42 Theater in der List
🚋 D 2

In einem früheren Aldi-Markt bieten Theatermacher ein buntes Repertoire an Gastspielen sowie eigene Stücke. An jedem dritten Sonntag im Monat um 11 Uhr steht Frühstück, Literatur und Musik im Foyer auf dem Programm.

List | Spichernstr. 13 | Stadtbahn: Werderstraße, Bus: Kriegerstraße | Tel. 89 71 19 46 | www.theater-in-der-list.de

43 Pavillon mit Theaterwerkstatt und Mezzo ▶ S. 45

LINDEN, LIMMER UND CALENBERGER NEUSTADT

Linden ist anders – bis 1920 war es eine eigene Stadt mit eigenem Selbstverständnis. Heute versprühen Künstler und andere Kreative diesen Geist von Eigenheit. Moderne in alten Gemäuern – das zieht magisch an.

Samstags um 11 Uhr auf dem Lindener Marktplatz: Der Käsekuchen ist gerade ausverkauft, weil er so gut schmeckt. Die Bratwurst liegt brutzelnd auf dem Grill. Die Umstehenden lachen. Fast herrscht Feiertagslaune, dabei ist es ein ganz normaler Markttag. Doch Linden hat immer diesen Hang zum Lockeren, das färbt auch auf die Gäste ab. Allein die Wahl der Namen spiegelt das wider. Da gibt es den Laden Damenwahl für exklusive Unterwäsche. Anne Behne zeigt, wie man die Beinkleider kreativ gestalten kann. Hut up liefert den passenden Kopfschmuck. Das Atelier frühling bitte möchte den Alltag schon allein mit der passenden Kleidung fröhlicher werden lassen. Durch diesen Stadtteil weht einfach ein anderer Wind. Er ist frisch, warm und kommt aus überraschenden Richtungen.

◄ Dienstag und Samstag belegen bunte Stände den Lindener Markt (► S. 98).

Es hat etwas Südliches, ohne dass hier Palmen stehen. Linden ist anders als das übrige Hannover. Das war schon immer so.

AUFSTIEG MIT INDUSTRIE

Einst war es das größte Dorf Preußens. 1866 nannte man es so, nachdem die Preußen das Königreich Hannover übernommen hatten. Linden hatte 1842 noch 3200 Einwohner. Dann setzte die Industrialisierung ein. Als Linden 1885 die Stadtrechte erhielt, waren es bereits 23 500 Menschen, 1913 schließlich 86 500. Nach langem Widerstand kam die Stadt Linden schließlich 1920 zu Hannover. Den Grundstein zum industriellen Aufstieg hatten Johann und sein Sohn Georg Egestorff mit ihren Kalkbrennereien am Lindener Berg Anfang des 19. Jh. gelegt. Bald wurde eine Maschinenfabrik gegründet, die spätere Hanomag. 1846 bis 1931 produzierte sie auch Lokomotiven, die viele Jahre mühsam mit Pferdefuhrwerken zum Gleisanschluss gebracht wurden. 1868 avancierte der Lindener Fabrikant Bethel Henry Strousberg zum größten Lokomotivhersteller Deutschlands. Der Zuzug an Arbeitern aus vielen Teilen Deutschlands und Europas war enorm. 1896 gründete dann Fritz Ahrberg seinen ersten Fleischerladen nahe der Hanomag. Seine Wurstfabrik setzte Maßstäbe in Qualität und Hygiene. Heute sind dort Künstler und Ladenbetreiber eingezogen sowie neue Wohnungen entstanden.

VON LINDENER VELVET BIS ZU BETTFEDERN

Bis 1845 konnten die Familien noch in umgebauten Ställen des Dorfes Linden untergebracht werden, danach konzipierte Georg Friedrich Laves Linden-Süd und Linden-Nord mit mehrgeschossigen Häusern. Ende des 19. Jh. waren auch Samt- und Baumwollsspinnereien (Lindener Samt oder Velvet ging um die Welt), eine Brauerei oder die Bettfedernfabrik auf dem Faust-Gelände aktiv. Der Lindener Hafen entstand im Ersten Weltkrieg mit der Anbindung an den Mittellandkanal. Wer heute durch die Straßen schlendert, kann an den restaurierten Häusern ihre Geschichte ablesen und in quirligen Cafés oder illustren Kneipen ein Publikum treffen, das geprägt ist von Kreativen, Studenten, Migranten, Arbeitern und Künstlern.

SEHENSWERTES

① Ahrbergviertel  B 4

Fritz Ahrberg (1866–1959) eröffnete 1896 in der Deisterstraße seine erste Fleischerei. Bald wurde daraus eine der wichtigsten Fabriken für Wurst und Fleischkonserven in ganz Deutschland. Bis zu 60 000 Schweine konnten verarbeitet werden. 1200 Menschen waren dort beschäftigt, das Viertel in Linden aber wurde nach einer Zeit des Niedergangs vom Jahr 1998 an saniert. Heute haben sich dort Künstler, ein freies Theater, Büros, beliebte Wohnlagen und spanische Lokale angesiedelt.
Linden | Allerweg/Deisterstraße | Stadtbahn: Krankenhaus Siloah, Bus: Charlottenstraße | www.ahrberg viertel.de

② Lindener Berg ◢◣ A 4

Biergarten, Kleingärten, große Rasenflächen mit Blumen, Jazzklub und der **Volkssternwarte** (▶ S. 100) – das ist gelebte Vielfalt rund um den Lindener Wartturm von 1392. 89 m hoch ist der Kalksteinhügel selbst. Der Kalkabbau bot einstmals die Grundlage zur Lindener Industrie. Im März leuchten die blauen Blüten der Scilla (das »blaue Wunder«) auf dem Lindener Bergfriedhof – ein herrlicher Anblick.
Linden | Bus: Lindener Berg

③ Lindener Markt ◢◣ B 4

Das frühere Rathaus an der Ecke Egestorffstraße wurde als roter Backsteinbau in gotischen Formen 1897 bis 1899 von Emil Seydel entworfen und gebaut. Heute sind eine Gaststätte und Büros darin untergebracht. Als Linden 1885 zur Stadt wurde, schuf es sich ein Zentrum rund um den Marktplatz. Der

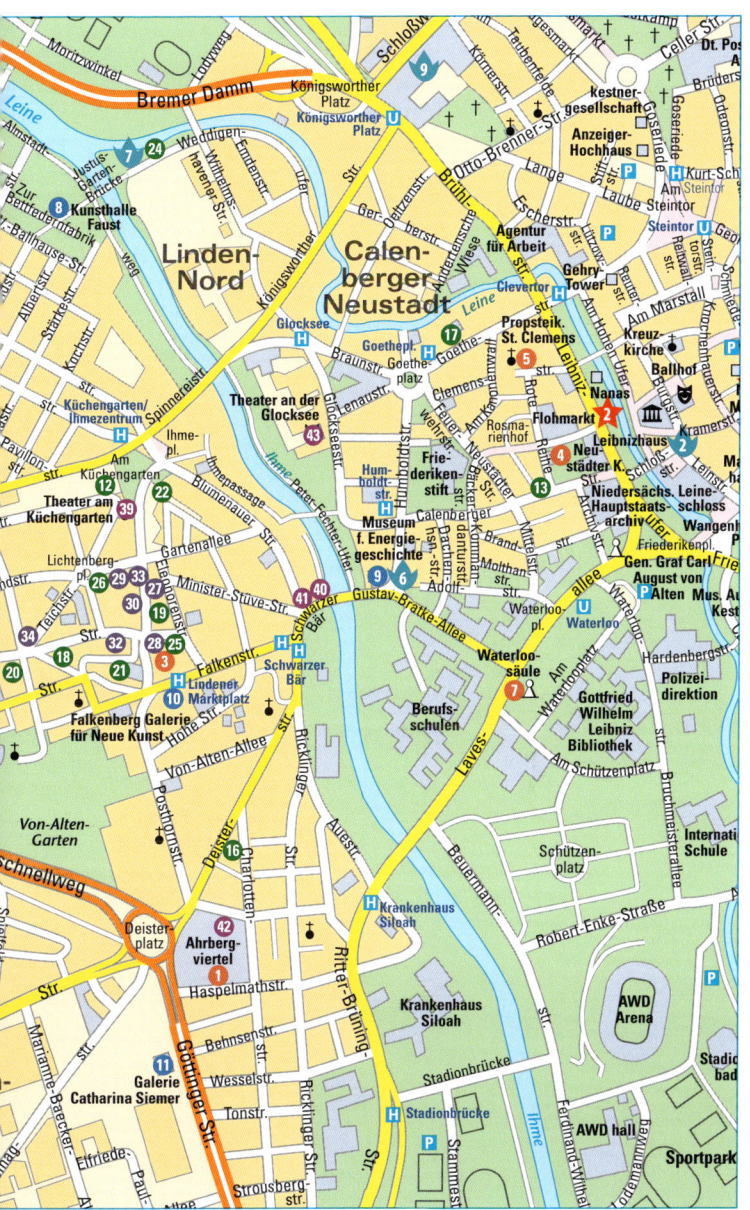

Nachtwächterbrunnen stammt von 1896. An der Ecke zur Falkenstraße erinnert eine Gedenktafel an das Geburtshaus der jüdischen Philosophin Hannah Arendt (1906–1975).

🕐 Marktzeit: Di und Sa 8–13 Uhr. Linden | Stadtbahn, Bus: Lindener Marktplatz

4 Neustädter Kirche ⚓ C3

Der hannoversche Kaufmann Johann Duve finanzierte maßgeblich die in der Calenberger Neustadt am Neustädter Markt (seit 1671 Marktrecht) 1666 bis 1670 erbaute Kirche. Sie wurde 1943 bis auf die Außenmauern zerstört und birgt im Innern die bedeutendste lutherische Kanzelaltarwand des Spätbarock sowie das Grab mit Gedenkstein von Gottfried Wilhelm Leibniz.

🕐 April–Okt. gibt es Sa von 14–14.30 Uhr eine Führung »Leibniz in seiner Zeit«. Calenberger Neustadt | Neustädter Markt | Stadtbahn: Waterloo | www.hofundstadtkirche.de, Konzerte unter www.kantorie-st-johannis.de | Di–Fr 12.30–14, Sa 11–16 Uhr |

5 Propsteikirche St. Clemens ⚓ C3

Herzog Ernst August hatte den Katholiken in seinem Fürstentum freie Religionsausübung und eine Kirche zugesichert, um die Kurwürde erhalten zu

können. Die Kuppelkirche in der Calenberger Neustadt, von 1711 bis 1718 erbaut, ist nach venezianischem Barockvorbild (die nördlichste in Europa) mit einem griechischen Kreuzgrundriss entstanden – ein Schmuckstück. Die erste katholische Kirche Hannovers nach der Reformation wird auch gern »Petersdom des Nordens« genannt. Calenberger Neustadt | Goethestr. 33 | Stadtbahn, Bus: Goetheplatz | tagsüber geöffnet

6 Volkssternwarte ⚓ A4

Die Volkssternwarte Geschwister Herschel am Lindener Berg befindet sich auf dem höchsten Punkt, dem Wasserbehälter in Linden. Sie erinnert an Friedrich Wilhelm Herschel (1738–1822) und seine Schwester Caroline (1750–1848). Der Musiker und Astronom entdeckte 1781 den Planeten Uranus. Seiner Schwester, Konzertsängerin und Astronomin, gelang es, acht Kometen zu erforschen. Besucher können bei Abendführungen in die Sterne schauen.

🕐 Beobachtungen des Nachthimmels finden bei klarem Himmel immer donnerstags von 20 bis 22 Uhr statt. Linden | Zur Sternwarte, Lindener Berg 27 | Stadtbahn: Nieschlagstraße, Bus: Sternwarte | www.sternwarte-hannover.de | monatlich Vorträge

Sterne sind nicht schnuppe

Träumen ist in der Lindener Sternwarte erwünscht: Manche erkennen Sternbilder, andere sehen Sternschnuppen, alle bemerken einen Hauch Unendlichkeit (▶ S. 13).

7 Waterloosäule und Stadtgeschichte ⚓ C4

Die 6 m große Siegesgöttin Viktoria thront in 46 m Höhe. Die von Laves geplante toskanische Säule wurde am 18. Juni 1832 geweiht, dem 17. Jahrestag des Sieges der Preußen, Briten und Hannoveraner über Napoleon bei Waterloo. Der Waterlooplatz, als Exerzier-

und Militärparadeplatz genutzt, entwickelte sich in der ersten Hälfte des 19. Jh. mit den neu entstandenen Militärbauten zum soldatischen Zentrum Hannovers. Historische Szenen der Stadt sind seit 2014 in der U-Bahnstation zu sehen. Der Zeitstrahl mit den Collagen beginnt 920. Auch die übrigen 18 Stationen sind künstlerisch gestaltet.

Calenberger Neustadt | Waterlooplatz | Stadtbahn: Waterlooplatz

MUSEEN UND GALERIEN

MUSEEN

8 Kunsthalle Faust ▶ S. 119

9 Museum für Energiegeschichte(n) ▶ S. 120

GALERIEN

10 Falkenberg Galerie für Neue Kunst ▶ S. 123

11 Galerie Catharina Siemer ▶ S. 123

ESSEN UND TRINKEN

RESTAURANTS

12 11A 🐟 B 3

Bunt gemischtes Publikum – Moderne Hausmannskost trifft auf unkomplizierte Feinschmeckerküche mit regionalen Produkten. Ist gerade kein Tisch frei, wartet man an der Bar. Im Sommer herrliche Plätze im Freien.

Linden | Am Küchengarten 11 a | Stadtbahn: Am Küchengarten | Tel. 5 90 11 11 | www.11a-restaurant.de | tgl. ab 10, warme Küche 12–23 Uhr | €€

13 Beckmanns Weinhaus 🐟 C 3

Fast familiär – Kleine Auswahl, aber hohe Qualität bei den Speisen mit hausgemachtem Spaghetti. Das Weinangebot ist gut bestückt.

Spielen und staunen 6

Die mehr als 1000 Exponate im Museum für Energiegeschichte(n) aus der Welt der Elektromaschinen sind schon beim Anschauen geradezu »elektrisierend« (▶ S. 13).

Calenberger Neustadt | Calenberger Str. 12 | Stadtbahn: Waterloo, Bus: Calenberger Straße | Tel. 13 16 87 91 | www.beckmanns-weinhaus.de | €€

14 Fischers 🐟 A 3

Quirlig – Die Mischung aus mexikanischem Restaurant, Café und Kneipe mitten in Linden schafft das anregende Flair mit sehr gemischtem Publikum. Leckere Cocktails.

Linden | Limmerstr. 49 | Stadtbahn, Bus: Leinaustraße | Tel. 44 14 04 | www.estrella-gastro.de | tgl. ab 18 Uhr | €€

15 Lindenkrug 🐟 nordwestl. A 3

Regionale Leibgerichte – Das Gasthaus mit 60-jähriger Tradition an der Limmer Schleuse setzt heute ganz auf Slow Food mit gehobenem Anspruch – und überrascht mit einem begehbaren Humidor im Zigarrenzimmer.

Limmer | Harenberger Str. 46 | Stadtbahn: Brunnenstraße | Tel. 21 99 10 | www.lindenkrug-hannover.de | Mo–Sa ab 18, So 12.30–15 Uhr | €€

16 Suppenstube 🐟 B 4

Zum Auslöffeln – Bis zu sechs verschiedene Suppen und Eintöpfe werden täglich aus regionalen Biozutaten frisch gekocht, von exotisch bis Niedersächsischer Hochzeitssuppe ist alles dabei. Dazu wird selbst gebackenes

Südseeträume am Strand

Ein Sandstrand, viel Grün und der Kuss von Ihme und Leine – da liegen Sie richtig. Und das mitten in Linden nahe am Faust-Gelände mit der Bar Strandleben (▶ S. 14).

Brot gereicht. Abends sind auch drei Hauptgerichte im Angebot.

Linden | Deisterstr. 53 | Stadtbahn: Schwarzer Bär | www.suppen-stube. de | Mo–Sa 11.30–15.30, Do, Fr auch 17.30–22 Uhr | €€

17 Sushi-Bar Gim C 3

Altbewährter Japaner – Neben Sushi, Sashimi, Tempura & Co. wird auch eine Reihe weiterer typischer fernöstlicher Gerichte serviert.

Calenberger Neustadt | Goethestr. 48 | Stadtbahn, Bus: Goetheplatz | Tel. 7 00 02 59 | www.hannover-sushi.de | Di–So 12–15, 18–23 Uhr | €€

CAFÉS

18 Café K B 4

Zu Gast beim Millionär – Jeden zweiten Samstag kann hier beim Table-Quiz

Wollen Sie's wagen?

Üben Sie beim Table-Quiz im Café K für »Wer wird Millionär?«. Jeden zweiten Samstag geht es in vier Runden mit zehn Fragen unterhaltsam durch den Abend. Der Inhaber des Cafés weiß, wie es geht, und ist ein charmanter Gastgeber.

geübt werden. Immerhin hat der Inhaber Ralf Schnoor es beim Fernsehquiz von Günther Jauch zum Millionär geschafft. Trotzdem steht er weiterhin in seinem Laden, serviert Frühstück oder warme Speisen. Legendär ist der Schokokuchen, Trüffel sind auch sein Werk.

Linden | Egestorffstr. 18 | Stadtbahn, Bus: Nieschlagstraße | Tel. 21 34 44 96 | www.cafek.de | tgl. 9–24 Uhr

19 Frioli Eismanufaktur B 4

Lindens Echte – 80 Sorten Eis, alle handgemacht und ohne künstliche Aromen, dazu ein umfangreiches Teeangebot. Für den kleinen Hunger gibt es Waffeln, Crêpes und Flammkuchen.

Linden | Stephanusstr. 8 | Stadtbahn, Bus: Am Küchengarten | Tel. 79 09 66 08 | www.frioli.de | Mo–Sa 12–19, So 14–19 Uhr

BARS UND KNEIPEN

20 Exil   B 4

Kultkneipe – Das Lokal bietet nach dem Umbau mit altem Namen und neuem Betreiber eine große Frühstücksauswahl, Speisen mit iranisch-mediterranem Einfluss und hohem Wohlfühlfaktor. Die Wände ziert der Pariser Metroplan – der Pariser Platz liegt ja vis-à-vis der Terrasse vor der Tür.

Linden | Davenstedter Str. 23 | Stadtbahn: Nieschlagstraße | Mo–Sa 9–1, So 10–24 Uhr

21 GiG B 4

Bunte Tüte – Im historischen Ratskeller spielen jeden Donnerstag Livebands. An jedem ersten Dienstag im Monat gibt dort außerdem Blues- und Rockmusik den Ton an. Ungewöhnliche und große Palette an Bieren.

Linden | Lindener Marktplatz 1 |
Stadtbahn, Bus: Lindener Marktplatz |
Tel. 3 57 17 51 | www.gig-linden.de |
Mo–Fr ab 16.30, Sa, So ab 10 Uhr

22 Ihmerauschen Bar und Wein

🔖 B 3

200 Weine im Ausschank – Neben
dem Restaurant 11A, im ehemaligen
Umspannhäuschen der Stadtwerke, hat
sich die kleine, feine Bar etabliert.
Linden | Am Küchengarten 13 a |
Stadtbahn: Am Küchengarten |
Tel. 5 90 11 11 | www.ihmerauschen.de |
tgl. ab 19 Uhr

23 Lindener Turm

🔖 A 4

Der Berg ruft nicht zweimal – Unter
alten Kastanien des Biergartens trinken
und träumen. Im Turm an Natursteinwänden sitzen und bei Kerzenschein
kleine Speisen verzehren – das geht sogar das ganze Jahr über.

Linden | Am Lindener Berge 29 a |
Stadtbahn: Nieschlagstraße, Bus: Sternwarte | Tel. 76 35 52 51 | www.lindenerturm.de | ab Mai Mo–Fr ab 15, Sa, So
ab 11 Uhr

24 Strandleben

🔖 B 3

Südseegefühl – Vom Liegestuhl aus auf
Ihme und Leine schauen, die Füße barfuß im Sand, Bier oder Wein von der
Bar – das ist Lindener Strandfeeling.
Linden | Weddigenufer 29 | Stadtbahn:
Glocksee, Königsworther Platz | Tel. 12 35
70 95 | www.spandau-projekt.de |
April–Okt. bei gutem Wetter Mo–Fr ab 14,
Sa, So ab 12.30 Uhr

25 Und der böse Wolf

🔖 B 4

Thai live – Bestens gelaunt wird in
deutschem Wirtshausambiente mit Billardtisch eine authentische Thai-Küche
serviert, in den Sommermonaten auch
draußen auf der Terrasse.

Bei schönem Wetter immer gut besucht – der Biergarten Lindener Turm (▶ S. 103) ist ein beliebter Treffpunkt und bietet unter Kastanien und Obstbäumen bis zu 300 Personen Platz.

Linden | Heesestr. 1 | Stadtbahn, Bus: Lindener Marktplatz | Tel. 45 38 34 | www.undderboesewolf.de | tgl. ab 17 Uhr

26 **Weinundlachbar** ▶ S. 32

EINKAUFEN
BÜCHER
27 **Annabee** 🏷️ B 4

Ein Frauenkollektiv zeigt und verkauft Frauenliteratur. Die Auswahl ist spannend, auch für Männer.

Linden | Stephanusstr. 12–14 | Tel. 131 8139 | Stadtbahn, Bus: Am Küchengarten | www.annabee.de | Mo–Fr 10–19, Sa 10–14 Uhr

HÜTE
28 **Hut up** 🏷️ B 4

Astrid Ries fertigt originelle Hüte in der eigenen Werkstatt. Sie verkauft aber auch Kopfbedeckungen anderer internationaler Designer.

Linden | Lindener Marktplatz 10 | Stadtbahn, Bus: Lindener Marktplatz | www.hut-up.de | Mo–Fr 10–18, Sa 10–14 Uhr

MODE
29 **Ey Linda** 🏷️ B 4

Bunt, ausgefallen, trendy: Wer auf Häkelstolas, Schuhe im Sixties-Look oder transparente Blusen steht, wird fündig.

Linden | Stephanusstr. 17 | Stadtbahn: Lindener Markt, Am Küchengarten | www.eylinda.de | Mo–Fr 11–14, 15–18.30, Sa 11–14 Uhr

30 **K3–andersartig** 🚩 🏷️ B 4

Taschen und Korsagen aus Feuerwehrschläuchen, schöne Papiere oder Lampen aus Porzellan – drei Designerinnen

teilen sich einen Laden und vermieten sogar noch einzelne Regale »unter«.

Linden | Stephanusstr. 9 | Stadtbahn: Am Küchengarten | www.facebook. com/kdreihannover | Mo–Fr 11–18.30, Sa 11–14 Uhr

31 **Roxane Designerei** 🏷️ B 3

Schlichte Schnitte mit bunten Mustern, vieles in Einheitsgrößen, da ausschließlich elastische Stoffe verarbeitet werden. Passend zu vielen Anlässen.

Linden | Elisenstr. 37 | Stadtbahn: Leinaustraße | www.roxane-hannover. de | Mo 15–18, Di–Fr 11–18, Sa 11–14 Uhr

32 **Textilgalerie Frau Zimmer** 🏷️ B 4

Röcke und Kleider aus Filz, Samt oder Seide verzieren die Textildesignerinnen mit Handstickereien, Unikate werden aus Naturkautschuk gefertigt.

Linden | Davenstedter Str. 3 | Stadtbahn: Schwarzer Bär, Bus: Lindener Marktplatz | www.frauzimmer.de | Di–Fr 13–18, Sa 10–14 Uhr

SCHUHE
33 **Anne Behne** ▶ S. 37

WÄSCHE
34 **Damenwahl – Wäsche und Feines** 🏷️ B 4

Exklusive Unterwäsche – von sinnlich bis romantisch verspielt.

Linden | Teichstr. 1 | Stadtbahn: Nieschlagstraße | www.damenwahl-hannover.de | Di–Fr 10–18.30, Sa 10–13.30 Uhr

WOHNEN
35 **design zimmer & hometown hannover** 🏷️ A 3

Eine Mischung aus Geschäft und Grafikdesign. Im Angebot sind Handgemachtes, Mode und Kunst. Hannover-fans finden viele »City-Souvenirs« mit dezentem Hinweis auf die Landeshauptstadt und Niedersachsen.

Linden | Leinaustr. 1 | Stadtbahn, Bus: Leinaustraße | www.design-zimmer. de | Mo–Fr 11–19, Sa 11–16 Uhr

KULTUR UND UNTERHALTUNG

JAZZ

36 Jazz-Club Lindener Berg ⚑ A 4

Echte Jazzfans treffen sich seit 1966 in diesem Keller, in dem schon Altmeister Louis Armstrong zur Trompete griff. 130 Zuhörer haben hier Platz und sind dabei den Musikern zum Greifen nah.

Linden | Am Lindener Berge 38 | Stadtbahn: Nieschlagstraße, Bus: Sternwarte | www.jazz-club.de | Mo, Fr ab 20.30 Uhr

KINO

37 Apollo-Kino ⚑ A 3

Eines der ältesten Kinos Deutschlands, es entstand 1908 aus einem Tanzsaal. Auf dem Programm steht ein Mix aus aktuellen und klassischen anspruchsvollen Filmen. Alte Kinosessel bieten Platz und jede Menge Beinfreiheit. Hier arbeitete Achim Flebbe, Erfinder der Cinemaxx-AG, in seiner Studentenzeit.

Linden | Limmerstr. 50 | Stadtbahn: Leinaustraße | Tel. 45 24 38 (ab 17.30 Uhr) | www.apollokino.de

KLEINKUNST, KABARETT, VARIETÉ

38 Desimos Spezial Club ⚑ A 3

Kabarettisten, Chansonnetten, Wortakrobaten treten auf, meist im Apollo-Kino, manchmal auch andernorts. Am vierten Montag im Monat (17.30 und 20 Uhr) zeigen mehrere Künstler Ausschnitte aus aktuellen Programmen.

Linden | Apollo-Kino | Limmerstr. 50 | Stadtbahn: Leinaustraße | Tel. 45 24 38 | www.desimos-spezial-club.de

39 TAK – die Kabarett-Bühne ▶ S. 45

TANZEN

40 Capitol ⚑ B 4

Jeden Samstag Ü-40-Party, ansonsten Comedy-Events und Konzerte.

Linden | Schwarzer Bär 2 | Stadtbahn, Bus: Schwarzer Bär | www.capitol-hannover.de

41 Lux Linden ⚑ B 4

Tanzklub und Konzerte – freitags kommen Indie und Elektropop, samstags eher Funk und Soul auf den Plattenteller. Und am Donnerstag veranstaltet die Hochschule für Musik, Theater und Medien ihre Jazzsessions.

Linden | Schwarzer Bär 2 | Stadtbahn: Schwarzer Bär | www.lux-linden.de | Fr–Sa ab 20 Uhr, dazu wechselnde Konzerttermine

THEATER

42 Compagnie Fredeweiß ⚑ B 4

Professionelles und innovatives Tanztheater – auch in Zusammenarbeit mit dem Ballett der Staatsoper.

Linden | Ilse-ter-Mer-Weg 7 | Stadtbahn: Allerweg | Tel. 45 00 10 83 | www.compagnie-fredeweiss.de

43 Theater an der Glocksee ⚑ B 3

Kleine Bühne, große Kunst. In einem ehemaligen Werkhof werden Klassiker, Märchen und zeitgenössische Texte auf ungewöhnliche Weise präsentiert.

Linden | Glockseestr. 35 | Stadtbahn: Goetheplatz, Bus: Glocksee | Tel. 161 39 36 | www.theater-an-der-glocksee.de

HERRENHAUSEN UND NORDSTADT

Der klangvolle Name des Stadtteils verbindet sich mit den berühmten Gärten und dem neuen Schloss. Ein Picknick im Georgengarten nebenan oder ein Kneipenbummel durch die studentisch geprägte Nordstadt sind erlebnisreiche Glanzpunkte.

Mit den **Herrenhäuser Gärten** ⭐ und dem 2013 neu errichteten Schloss zeigt sich dieser Stadtteil von seiner schönsten Seite. Wie einst Kurfürstin Sophie können die Besucher durch den Barockgarten schreiten oder sich gegenüber im Berggarten in die Welt der Pflanzen und Bäume vertiefen. Orchideen sind zu bewundern, tropische Pflanzen entfalten sich in den geheizten Glashäusern. Nahe liegt auch der Georgengarten, weitschweifig im Stil eines englischen Landschaftsparks angelegt, veredelt durch das schmucke Wallmoden-Palais mit der Sammlung »Wilhelm Busch – Deutsches Museum für Karikatur und Zeichenkunst«. Im früheren Welfenschloss befindet sich der Hauptsitz der Leibniz Universität, Mensa und Institute verteilen sich in der Umgebung. Die Nordstadt ist also studen-

◀ Barocke Pracht im Großen Garten von Herrenhausen (▶ MERIAN TopTen, S. 108).

tisch geprägt. Am Engelbosteler Damm reihen sich Läden, Cafés und Kioske in bunter Reihe aneinander. Westlich davon findet man eine Vielfalt an neuen und alten Kneipen, wozu sicher das Klein Kröpcke gehört. Sich hier zu tummeln versetzt einen vielleicht in die Zeit der eigenen Ausbildung. Auf jeden Fall hat es den Charme, sich ewig jung zu fühlen.

DIE KEIMZELLE LAG AUF EINEM DÜNENHÜGEL

Ein Blick in die Vergangenheit des Viertels, das ab 1900 Nordstadt genannt wird, kann am Alten Jüdischen Friedhof an der Oberstraße beginnen. Er entstand um 1550, liegt auf einem Dünenhügel und hat rund 700 historische Grabsteine. Er ist auch der älteste erhaltene in Norddeutschland und die Keimzelle des Viertels, das sich einst aus der Steintor-Gartengemeinde entwickelte. Mit Industriebetrieben wie dem Schokoladenhersteller Sprengel und der Reifenfabrik Continental begann bis zum Ersten Weltkrieg der Zuzug vieler Menschen. Eine dichte Blockbebauung schoss aus dem Boden. Etwas Platz bieten dagegen das Areal um die Lutherkirche, wo sich heute eine Gastronomievielfalt auftut, sowie der Welfengarten zwischen Welfenschloss und Schneiderberg. Der neu gestaltete Klagesmarkt öffnet das Viertel zur Mitte Hannovers hin, die von dort aus schnell zu Fuß zu erreichen ist. So bietet dieser Stadtteil eine Mischung aus einem königlichen Gartenensemble und lebendiger Kneipenkultur.

SEHENSWERTES

1 Georgengarten 🏷 A2

Der Gegensatz zum Barockgarten Herrenhausen: In diesem englischen Landschaftspark sind geschwungene Wege, kleine Seen und freie Rasenflächen fürs Picknick zu finden. Hofgarteninspektor Christian Schaumburg modellierte die Landschaft. Doch eine Gerade hat der beliebte Freizeittreff, in dem die Sammlung **Wilhelm Busch – Deutsches Museum für Karikatur und Zeichenkunst** (▶ S. 122) liegt, auch zu bieten. Die 1800 m lange Herrenhäuser Allee durchzieht seit dem Jahr 1727 mit ihren Linden die Anlage. Im Garten befindet sich auch der **Leibniztempel**.
Herrenhausen | Nienburger Straße | Stadtbahn: Königsworther Platz, Leibniz Universität

9 Herrenhäuser Gärten A1–2

Einer der schönsten Barockgärten Europas hat sein altes **Schloss** wieder (▶ S. 17). Es vollendet damit das Gesamtkunstwerk Herrenhäuser Gärten, die jährlich rund eine halbe Million Besucher in ihren Bann ziehen. Inspiriert durch den Sonnenkönig Ludwig XIV., ließ Kurfürstin Sophie von Hannover (1630–1714) diesen 2 km langen und 1,4 km breiten Garten Ende des 17. Jh. anlegen. Eine Sitzstatue auf dem Weg zur Großen Fontäne erinnert an die weltgewandte Frau. Beliebt sind die Niki-de-Saint-Phalle-Grotte (sehr farbenfroh von der Künstlerin gestaltet), die Wasserspiele, das Gartentheater, das Kleine Fest im Großen Garten.

Das Schloss von 1676, einst Sommerresidenz der Welfen, zerbombten die Briten 1943 im Krieg. Im Ehrenhof am Nordende der Anlage dient das 2013 neu errichtete Haus jetzt als Museum und Tagungsstätte. An drei Seiten eingefasst wird die Gartenanlage durch den 28 m breiten, 2 m tiefen Graben und eine Lindenallee. Kaskaden, ein Labyrinth, Standbilder und Sondergärten

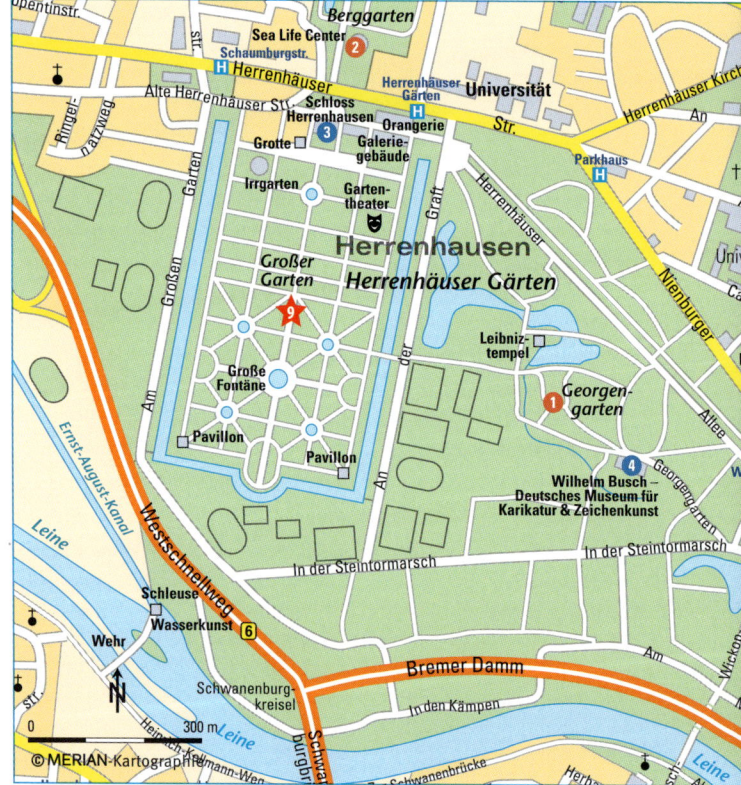

© MERIAN-Kartographie

verleihen zusätzlich Charme. Die Rose »Sophie«, eine Neuzüchtung zu Ehren der Kurfürstin, lässt sich erwerben. Für Menschen mit Gehbehinderungen werden am Eingang E-Scooter verliehen.

Herrenhausen | Herrrenhäuser Str. 4 | Stadtbahn: Herrenhäuser Gärten | www. hannover.de/Herrenhausen | tgl. 9–20, Herbst bis 18, Winter bis 16.30 Uhr | Wasserspiele April–Okt. Mo–Fr 11–12, 15–17, Sa, So 11–12, 14–17, Grotte bis 19.30, April, Sept. bis 18.30, Nov.–März nur Sa, So bis 16 Uhr | Themenführungen, Infopavillon 29. März–25. Okt. tgl. 11–18, Schloss tgl. 11–

Picknick am Leibniz-tempel

Holen Sie sich in den Läden der Innen- oder Nordstadt ein paar Leckereien und fahren Sie mit der Stadtbahn zum Georgengarten und machen es sich bequem (▶ S. 14).

18 Uhr (Nov.–März bis 16 Uhr) | Eintritt Herrenhäuser Gärten mit Schloss und Berggarten 8 €, Familien 21 €, nur Berggarten 3,50 €

2 Sea Life Center 🚻 ⚑ A 1

Am Eingang zum **Berggarten** lockt das tropische Aquarium mit 30 Becken und 5000 Lebewesen. Ein 8 m langer Glastunnel führt durch das Tiefseebassin – eine Unterwasserreise von der Leine über die Karibik bis zum Regenwald am Amazonas in Brasilien.

Herrenhausen | Herrenhäuser Str. 4 a | Stadtbahn: Herrenhäuser Gärten | www.sealife.de | März–Okt. tgl. 10–18.30, Nov.–Feb. Mo–Fr 10–17.30, Sa, So 10–18.30 Uhr | Eintritt 16,50 €, online 13,20 €

MUSEEN UND GALERIEN

MUSEEN

3 **Schloss Herrenhausen** ⚑ ▶ S. 120
4 **Wilhelm Busch – Deutsches Museum für Karikatur und Zeichenkunst** ▶ S. 122

GALERIEN

5 **Galerie Robert Drees** ▶ S. 123

ESSEN UND TRINKEN

RESTAURANTS

6 Mensa der Uni ⚑ B 2

Ausgezeichnet – Fast alles wird ohne Fertigprodukte oder Zusatzstoffe gekocht. Die **Hauptmensa** bietet u.a. einen Marktstand mit internationalen Spezialitäten, die **Contine** glänzt mit Frühstück ab 8, Küche bis 19.30 Uhr und zahlreichen Aktionsmenüs. Nichtstudierende zahlen einen Aufpreis.

Nordstadt | Hauptmensa Callinstr. 23 | Stadtbahn: Schneiderberg | Mo–Fr 11.40–14.30 Uhr | Contine Königsworther Platz 1 | Stadtbahn: Königsworther Platz | Mo–Fr 8–19.30, Sa 12–13.30 Uhr

7 Suppenhandlung ⚑ B 2

Im Trend – Wechselnde Suppen, frisch gekocht von deftig bis exotisch. Ob vegetarisch, vegan oder mit Fleisch – hier findet jeder seine Lieblingssuppe. Mittags daher oft sehr voll.

Von Rinderbrühe über Kürbiscreme bis zu thailändischen Kokossuppen: Das Angebot der Suppenhandlung (▶ S. 110) wechselt wöchentlich, alle Gerichte gibt's auch zum Mitnehmen.

Nordstadt | An der Lutherkirche 13 | Stadtbahn: Kopernikusstraße | Tel. 0160/9735 51 13 | www.suppenhandlung. de | Mo–Fr 9–18, Sa, So 9–15 Uhr | €

8 Zwischenzeit 🏷 B1

Innovativ – Von Rösti bis Fisch alles frisch; preiswerte Mittagsgerichte und Büfett bis 14.30 Uhr, große Terrasse. Nordstadt | Schaufelderstr. 11 | Stadtbahn: An der Strangriede | Tel. 35 35 63 80 | www.restaurant-zwischenzeit. de | Mo–Fr ab 11, Sa ab 17 Uhr | €€

CAFÉS

9 24grad-Kaffeerösterei 🏷 C2

Sinnlicher Genuss – Alle Kaffeesorten sind nicht nur »fair«, sondern auch »direkt« gehandelt. Geröstet wird im Laden selbst, der im Stil der 1950er- und 1960er-Jahre zum Kaffeegenuss und kleinen Snacks einlädt. Samstags Kaffeeseminare. In der »Brewbar« erlebt die Tradition des Filterkaffees ein Revival – der neue Kaffeetrend. Nordstadt | Engelbosteler Damm 52 | Stadtbahn: Kopernikusstraße | Tel. 37 07 47 32 | www.24grad.net | Mo–Fr 8–19, Sa 9–19, So 11–19 Uhr | €

Pâtisserie Elysée ▶ S. 29

BARS UND KNEIPEN

10 Klein Kröpcke 🏷 B2

Großes Hallo – Tradition schlägt jeden Trend, meint der Besitzer. Was außen wie ein Kiosk wirkt, entfaltet innen viel Stimmung und hat jede Woche ein Aktions-Speiseangebot für 3,50 €. Nordstadt | Callinstr. 2 | Stadtbahn: Schneiderberg, Bus: Kopernikusstraße | Tel. 70 24 03 | www.klein-kroepcke.de | tgl. ab 12 Uhr | €

Für Weitsichtige mit Biokost 9

Die Contine im Uni-Hochhaus ist der Ort für einen hervorragenden Überblick über Hannover. Dazu gibt es feinste Biokost – »natürlich frisch« – zu Tiefstpreisen (▶ S. 14).

11 Spandau Projekt 🏷 C2

Guter Mix – Über drei Etagen in einem alten Möbelhaus findet sich ein gemischtes Publikum zwischen 20 und 50 Jahren ein. Ab und zu gibt es Konzerte, Lesungen und Partys in der Galerie. Nordstadt | Engelbosteler Damm 30 | Stadtbahn: Christuskirche | Tel. 12 35 70 95 | www.spandauprojekt.de | Mo–Fr ab 12, Sa, So ab 10 Uhr | €€

EINKAUFEN
KULINARISCHES

12 Feinkost Sternchen 🏷 B2

Lokale Spezialitäten, selbst Eingelegtes und Feines vom Wild wie Wildschweinbratwurst oder Rehschinken, dazu Küchenutensilien und Kochschule. Nordstadt | Rehbockstr. 1 | Stadtbahn: An der Strangriede | www.feinkost sternchen.de | Sa 12–16 Uhr

MODE

13 Themenwechsel 🏷 C2

Die Designerin Julia Pekina führt neben eigenen Kreationen (meist Einzelstücke) auch hochwertiges »Altes«. Änderungen und Maßanfertigungen sind möglich, die Kundschaft ist zwischen 20 und 90 Jahre alt. Nordstadt | Engelbosteler Damm 25 | Stadtbahn: Christuskirche | www.kina-style.com | Mo–Fr 11–19, Sa 11–16 Uhr

NICHT ZU VERGESSEN!

Vom einstigen Gelände der Weltausstellung des Jahres 2000 bis zum »Neuschwanstein Niedersachsens« reicht die Bandbreite einer Entdeckungsreise in die nächste Umgebung Hannovers. Natur und Kultur liegen hier dicht beieinander.

Die Mischung ist bunt: Neben der zentralen Mahn- und Gedenkstätte in Ahlem und dem größten buddhistischen Kloster Deutschlands lockt der Tiergarten. Letzteren sollte man aber nicht mit dem Zoo verwechseln: Es ist eine Art gelichteter Wald mit frei laufenden Rehen und Hirschen. Wer schauen möchte, was von der bisher einzigen Weltausstellung auf deutschem Boden übrig blieb, kann das Gelände neben der Messe abwandern. Es gibt Bauruinen, aber auch Hoffnung – in Form eines Wals. Darin werden ungewöhnliche Gottesdienste gefeiert. Rund um den Kronsberg ist Natur zu erleben. Mit Bus und Stadtbahn sind alle Ziele schnell erreicht, wer ein Fahrrad mitnimmt, was in der Stadtbahn zu gewissen Zeiten und kostenlos möglich ist, kann seinen Radius noch erweitern. Der Grüne Ring führt ihn am Stadtrand um Hannover herum. Herausragendes Ziel weiter außerhalb ist die Marienburg, das »Neuschwanstein Niedersachsens«.

◀ Der Pavillon der Hoffnung in Form eines Wals auf dem Expo-Gelände (▶ S. 113).

SEHENSWERTES

Buddhistisches Kloster Vien Giac
🏴 südl. F 6

Zwischen Einfamilien- und Hochhäusern, in der Nachbarschaft des Messegeländes, steht Deutschlands größtes buddhistisches Kloster. »Vien Giac« ist vietnamesisch und bedeutet »vollkommene Erleuchtung«. Jährlich kommen rund 8000 Besucher aus ganz Europa.

🕐 So 11–12 Uhr findet eine Puja zu Ehren des Bodhisattva des Mitgefühls statt. Mittelfeld | Karlsruher Str. 6 | Bus: Dorfstraße, Neisser Weg | www.viengiac.de, www.choeling.de | tgl. 9.30–16.30 Uhr

Expo-Gelände 🧍
🏴 südl. F 6

Ein halbes Jahr lang war 2000 die Welt zu Gast in Hannover. Die meisten Gebäude der Weltausstellung sind – wie geplant – wieder verschwunden und erfüllen woanders neue Zwecke. Einige wie der niederländische Pavillon fristen ein trauriges Verfallsdasein. Bei einem Rundgang von der Endstation der Stadtbahn 6 (Messe/Ost, Expo-Plaza) liegt der 118 m hohe **Kronsberg** auf dem Weg ins freie Umland (mit herrlichem Ausblick). Rund um die Expo-Plaza Richtung Messegelände dagegen sind noch das **Exposeeum** (▶ S. 118), Teile der Universität, die **TUI-Arena**, Firmen, ein Hotel und Lokale zu sehen. Am Autohaus beginnen die »**Gärten im Wandel**«. Der deutsch-algerische Landschaftsarchitekt Kamel Louafi (Leitspruch: »Alles fließt« oder »Das Imaginäre artikulieren«) hat auf wenigen Hundert Metern eine spannende Reise vom Pol zum Äquator nachempfunden. Am künstlichen See im Expo-Park Süd sind im **Wal-Pavillon der Hoffnung** Gottesdienste zu erleben – mittwochs und jeweils am ersten und dritten Sonntag im Monat. Laatzen | Stadtbahn: Messe/Ost (Expo-Plaza) | www.expowal.de

Mahn- und Gedenkstätte Ahlem
🏴 westl. A 2

Dieser Ort der früheren israelitischen Gartenbauschule ist die zentrale Gedenkstätte in der Region Hannover. Er bildete im Zweiten Weltkrieg die Sammelstelle für Transporte von Juden aus den Regierungsbezirken Hannover und Hildesheim in die Vernichtungslager. Dabei war gerade die Gartenbauschule jahrzehntelang ein bedeutendes Beispiel weit über Deutschland hinaus für eine gedeihsame deutsch-jüdische Kultur. Alexander Moritz Simon (1837–1905), ein jüdischer Bankier in Hannover, gründete nach dem Verkauf seines Geldinstituts im Jahr 1893 die israelitische Gartenbauschule Ahlem. Zwölf Stelen erinnern an zwölf zerstörte Synagogen in der Region Hannover.

Leinemasch erleben – hören und staunen 10

Die Leine rauscht, die Störche klappern, und Fische tummeln sich im Bach: Die Flora und Fauna der Stadt können Sie bei einem Hörspaziergang eindrucksvoll erleben (▶ S. 14).

Ahlem | Heisterbergallee 8 | Stadt-
bahn: Ehrhartstraße | tagsüber frei zu-
gänglich | Eintritt frei | Führungen
und Gespräche mit Zeitzeugen bitte
anmelden

Marienburg

Das Märchenschloss war 1857 ein Ge-
burtstagsgeschenk von König Georg V.
an seine Frau Marie. Der hannoversche
Architekt Conrad Wilhelm Hase leitete
1857 bis 1864 den neugotischen Bau.
Bevor Georg V. 1866 ins österreichi-
sche Exil ging, bewohnte der Herrscher
das Haus einen Sommer lang mit seiner
Familie. Nach dem Zweiten Weltkrieg
zog Herzog Ernst August III. mit Gat-
tin Viktoria Luise (die Tochter von Wilhelm II.) ein, die bis 1965 dort lebte.
Heute steht das Haus mit einem neu-
en Museumskonzept und moderner
Schlossgastronomie den Besuchern offen. Wer zu Konzerten im Rittersaal
kommt, Theater im Schlosshof erlebt
oder aus 200 m (über dem Meeresspiegel) vom Turm ins Leinetal blickt, spürt
die besondere Magie des Ortes.
Das Schloss diente 2012 als Filmkulisse
für die ARD-Märchen-Reihe »Sechs
auf einen Streich«, für den Film von
NDR und arte »Münchhausen – die
Geschichte einer Lüge« mit Ben Becker
und die deutsch-australische Jugend-
serie »In your dreams«.

Tierische Begegnung 11

Ein Jogginglauf durch den 112 ha
großen Tiergarten ist besonders
reizvoll – Hirsche, Rehe oder auch
Wildschweine schauen einem nach.
Der Eintritt ist frei (▶ S. 15).

Pattensen | Marienberg 1 | Sa, So 10–
18 Uhr ab DB-Bahnhof Nordstemmen
mit dem Marienburg-Express (Bimmel-
bahn, Tel. 0 50 44/88 02 00), März–Nov. Re-
gioBus 300 ab ZOB Hannover bis Patten-
sen, weiter als Bus 310 zur Marienburg |
www.schloss-marienburg.com | März–
Okt. tgl. 10–18 Uhr, Führungen bis 17 Uhr
alle 45 Min., Nov.–Dez. Mi–Do 11–15, Fr–So
11–18 Uhr | Eintritt 8 €, Kinder 6 €

Tiergarten Hannover östl. F 6

Ursprünglich ein privates Jagdrevier
von Herzog Johann Friedrich, jetzt ein
beliebtes Familienziel im Grünen. Ur-
alte Eichen, Kastanien und Hainbuchen bestimmen das Bild. Mit ein wenig Glück bekommt man auch die
vierbeinigen Bewohner des Tiergartens
zu Gesicht: Eine 200-köpfige Dam-
wildherde läuft hier frei herum, Wildschweine und Rehe leben in Gehegen.
Kirchrode | Tiergartenstr. 149 | Stadt-
bahn, Bus: Tiergarten | tgl. ab 7 Uhr
(Nov., Dez. ab 11.30 Uhr) bis Einbruch
der Dämmerung | Eintritt frei

Waldstation mit Wald-Hochhaus östl. F 2

Die Tier- und Pflanzenwelt des riesigen
Stadtwalds Eilenriede wird anschaulich
an 27 Stationen erläutert. Dazu lässt sich
ein Audioguide ausleihen. Wer das 36 m
hohe Wald-Hochhaus besteigt, erfährt
auf dem Weg nach oben viel über die
Etagen des Lebensraums, in den er beim
Aufstieg schauen kann. Oben ist die
Aussicht über Stadt und Wald grandios.
Buchholz | Kleestr. 81 | Stadtbahn:
Kantplatz, Spannhagengarten, Bus:
Gehägestraße, Roderbruchstraße |
März–Anfang Herbstferien Mo–Mi 8.30–
16.30, Do–8.30–18.30, So 10–18, Ende

Romantische Kutschfahrt rund um die Marienburg (▶ S. 114). Der zwischen Hannover und Hildesheim gelegene Stammsitz der Welfen aus dem 19. Jh. diente schon häufiger als Filmkulisse.

Herbstferien–Feb. Di–Do 10–15 Uhr, Herbst- und Weihnachtsferien geschl.

ESSEN UND TRINKEN

RESTAURANTS

OutbaX Spirit   östl. F 1

Down under – Wer mal Känguru- oder Krokodilfleisch probieren will, ordert am besten eine gemischte Platte. Eine Reservierung wird empfohlen.

Groß-Buchholz | Groß-Buchholzer Kirchweg 68 | Stadtbahn: Noltemeyerbrücke, Bus: Hesemannstraße | Tel. 5 78 25 1 | www.outbaxspirit.de | Di–Sa ab 17, So ab 11, warme Küche 11–14, 17.30–22 Uhr | €€

Weinstube Tropeano Di-Vino   östl. F 2

Gut gereift – In einem alten Fachwerkhaus kredenzt Sommelier Biagio Tropeano mediterrane Tafelfreuden. Die Speisen orientieren sich eher an den rund 300 zur Auswahl stehenden Weinen und nicht umgekehrt. Der Italiener gibt gern entsprechende Empfehlungen und öffnet dann die Flasche persönlich am Tisch. Spezialität des Hauses: Carpaccio und selbst gebackenes Brot.

Kirchrode | Kleiner Hillen 4 | Stadtbahn: Großer Hillen, Bus: Kleiner Hillen | Tel. 3 53 31 38 | www.restaurant-tropeano.de | Di–So 12–15, 18–24 Uhr | €€€€

MUSEEN UND GALERIEN

*Vom Sprengel Museum bis zur Luftfahrt, von ägyptischer
Kultur bis zur Energiegeschichte – unterhaltsam und lehrreich
heißt die Parole beim Bummeln durch die Ausstellungen.
Und die Bandbreite bei der Kunst ist phänomenal.*

Die Museumslandschaft der Landeshauptstadt genießt bundesweit einen
ausgeprägten Ruf. Die meisten Häuser befinden sich im Zentrum und in
der Altstadt und sind fußläufig schnell zu erreichen. Hier die Glanzstü-
cke: Für die Kunst des 20. und 21. Jh. bietet sich ein Gang durch die modernen Räume des **Sprengel Museums** 🔟 am Maschsee an. Pablo Picasso, Paul Klee, Max Beckmann, Emil Nolde und Max Ernst sind hier
genauso vertreten wie der Dadaist Kurt Schwitters und die Merzkunst.
Mit dem Erweiterungsbau und dem neuen Direktor Reinhard Spieler
werden seit 2014 neue Akzente gesetzt. Zum Fundus gehören auch 400
Werke der französischen Künstlerin Niki de Saint Phalle, die zur Ehren-
bürgerin von Hannover ernannt wurde. Im Stadtbild glänzt sie mit ihren
»Nanas« am Leineufer, und die Einkaufspassage vom Kröpcke zum
Hauptbahnhof ist nach ihr benannt. Kurz vor ihrem Tod im Jahr 2002

◄ Das Museum August Kestner (► S. 120) schafft
den Spagat zwischen Antike und Moderne.

gestaltete Niki de Saint Phalle noch die Grotte im Großen Garten von Herrenhausen mit drei Räumen voller bunt funkelnder Glaskunst.

Das größte und meistbesuchte staatliche Museum in Niedersachsen ist jedoch das Landesmuseum direkt am Maschpark gegenüber dem Neuen Rathaus. Es liefert Rückblicke bis in die Altsteinzeit, nennt beachtliche Werke der Impressionisten sein Eigen und hat sich gerade in moderner Form neu sortiert. Das Historische Museum in der Altstadt präsentiert sich ebenfalls in beachtlicher Vielfalt und Modernität. Es glänzt durch thematisch anspruchsvolle Sonderausstellungen und gewährt Einsichten in die Landes- und Stadtgeschichte. Folglich ist das Haus auch für das neue Schlossmuseum in Herrenhausen zuständig, was sich gerade zu einem der bedeutendsten in Niedersachsen entwickelt. Dann lädt Hannover zum Schmunzeln ein: Karikaturisten, Grafiker oder Cartoonisten von internationalem Rang sind in der Sammlung »Wilhelm Busch – Deutsches Museum für Karikatur und Zeichenkunst« im Georgengarten zu sehen.

KUNSTVEREINE SIND FÜHREND

Die kestnergesellschaft gehört mit ihren rund 4500 Mitgliedern zu den größten Kunstvereinen des Landes. In den Räumlichkeiten des ehemaligen Goseriede-Bades am »Anzeiger«-Hochhaus werden regelmäßig mutige und überraschende Themen umgesetzt. Im Künstlerhaus in der Sophienstraße logiert der bereits 1832 gegründete Kunstverein Hannover – einer der ersten seiner Art in Deutschland. Er präsentiert jährlich sechs bis acht große Ausstellungen. Auch die Stiftung Ahlers Pro Arte/Kestner Pro Arte ist überregional bekannt für zeitgenössische Werke.

Alle Häuser bieten inzwischen lebendige Kunstführungen an. Ob nun »Augenschmaus« oder »Kunsttauchkurse für Kinder« im Kunstverein, »Lunchbreak« in der kestnergesellschaft oder begleitende Lesungen, Theaterinszenierungen und Konzerte im Landesmuseum oder im Wilhelm Busch – Deutsches Museum für Karikatur und Zeichenkunst: Überall wird der Besuch zu einem fesselnden Erlebnis.

Freitags ganztägig oder auch nur von 14 bis 17 Uhr ist der Eintritt zu den meisten Häusern frei, ausgenommen sind allerdings oft die Sonderausstellungen. Wenn Sie es sich einrichten können: Den schnellsten Ein- und Überblick liefert die Lange Nacht der Museen im Juni mit Busservice, Führungen, Vorträgen und Theater von 18 bis 1 Uhr.

MUSEEN

Designmuseum ◢◣ E 3

Auf wenigen Quadratmetern zeigt ein Einrichtungshaus in einem Muschelgewinde Spielarten des Designs.

Südstadt | Braunschweiger Platz 2 | Stadtbahn: Braunschweiger Platz | www.steinhoff-designmuseum.de | Mo–Fr 10–19, Sa 10–16 Uhr | Eintritt frei

Exposeeum ◢◣ südl. F 6

Die Räume an der Expo-Plaza erinnern mit Tondokumenten, Bildern und Souvenirs an die erste Weltausstellung in Deutschland im Jahr 2000.

Bemerode | Expo-Plaza 11 | Stadtbahn: Messe/Ost (Expo-Plaza) | www.exposeeum.de | So 11–16 Uhr | Eintritt 1 €

Historisches Museum ◢◣ C 3

Die einstige Bedeutung des Königreichs Hannover wird hier dokumentiert. Besonders gewürdigt wird dabei die Personalunion mit England, deren Beginn 2014 genau 300 Jahre zurückliegt. Die Abteilung Landesgeschichte widmet sich der Epoche vom Fürstentum Calenberg um 1600 bis zum Ende des Königreichs 1866. Neben der Dauerausstellung »750 Jahre Hannover« werden auch goldene Kutschen aus der Welfenzeit präsentiert. Sonderausstellungen greifen spannende Themen auf.

Altstadt | Pferdestr. 6 (Eingang Burgstraße) | Stadtbahn: Markthalle | Di 10–19, Mi–Fr 10–17, Sa, So 10–18 Uhr | Eintritt 5 €, erm. 4 €, Kinder bis 12 J. 1 €, Fr frei

kestnergesellschaft ◢◣ C 3

Der 1916 gegründete Verein wurde 1936 von den Nationalsozialisten verboten und 1948 wieder begründet. Seit 1997 ist die kestnergesellschaft im ehemaligen Schwimmbad Goseriede zu Hause. Mit mutigen Themen macht sie bundesweit auf sich aufmerksam.

Im Sprengel Museum (▶ MERIAN TopTen, S. 120) sind neben einer Rekonstruktion des Merzbaus von Kurt Schwitters Meilensteine des Expressionismus und der Moderne zu sehen.

🕐 Mi finden um 13 Uhr »Lunch-Break-Führungen« statt, Do um 13 Uhr »Kestnerklänge« mit Studenten der Hochschule für Musik, Theater und Medien.
Mitte | Goseriede 11 | Stadtbahn: Steintor | www.kestnergesellschaft.de | Di, Mi, Fr–So 11–18, Do 11–20 Uhr | Eintritt 7 €, erm. 5 € | Führungen Mi 13, Do 19, Sa 15, So 11 und 15 Uhr

Kunsthalle Faust 🔖 B 3
Ein Raum für Expositionen und Installationen internationaler Künstler von provokativ bis politisch.
Linden | Zur Bettfedernfabrik 3 | Stadtbahn, Bus: Leinaustraße | www.kulturzentrum-faust.de | Do, Fr 16–20, Sa, So 14–18 Uhr | Eintritt je nach Veranstaltung

Kunstverein Hannover 🔖 D 3
Hier sind Ausstellungen zeitgenössischer Kunst zu sehen, die eigens für die charakteristischen Oberlichtsäle im **Künstlerhaus** entwickelt werden. Hier befindet sich der Sitz des 1832 gegründeten Vereins schon seit 1856.
🕐 Mi um 12.30 Uhr steigt der »Augenschmaus«, eine Kurzführung mit Menü.
Mitte | Künstlerhaus | Sophienstr. 2 | Stadtbahn: Kröpcke, Schauspielhaus | www.kunstverein-hannover.de | Di–Sa 12–19, So 11–19 Uhr | Eintritt 6 €, erm. 4 €, Fr frei

Landesmuseum Hannover 🔖 D 4
Die Lebensräume Wasser, Luft und Land werden als »Welten« neu und prickelnd dargestellt. Das setzt Maßstäbe für andere Museen. Eine der größten Sammlungen der deutschen und französischen Impressionisten von Max Liebermann über Claude Monet bis zur Worpsweder Künstlerin Paula Moder-

sohn-Becker ist hier daheim. Anhand der größten und bedeutendsten archäologischen Kollektion Europas begibt sich der Besucher auf eine Zeitreise über 500 000 Jahre. Das Kupferstichkabinett gewährt donnerstags von 16–18 Uhr mithilfe von 20 000 Handzeichnungen und Druckgrafiken einen exzellenten Einblick in das vielfältige Geschehen der europäischen Kunstgeschichte vom späten Mittelalter bis in das frühe 20. Jh. Es sind Werke aus fünf Jahrhunderten von Dürer, Rembrandt und Max Liebermann bis zu Lovis Corinth zu sehen. Das Museumscafé **mahlwerk** hat sich schnell zum beliebten Treff entwickelt.
🕐 Jeweils am Donnerstag von 16–18 Uhr öffnet das Kupferstichkabinett.
Mitte | Willy-Brandt-Allee 5 | Stadtbahn: Aegi, Bus: Rathaus/Bleichenstraße | www.nlmh.de, www.cafe-mahlwerk.de | Di, Mi, Fr–So 10–17, Do 10–19 Uhr | Eintritt 4 €, erm. 3 €, Familien 9 €, Fr 14–17 Uhr frei

Luftfahrtmuseum Laatzen 🧍
🔖 südl. F 6
Die Geschichte der Luftfahrt beginnt beim ersten Heißluftballon. 4500 Ausstellungsstücke sind in der Halle sowie auf dem Freigelände zu bestaunen. So wird der erste Motorflieger Karl Jatho gewürdigt, und auch der Ozeanflug von Charles Lindbergh 1927 ist ausführlich dokumentiert. Und natürlich wird an die Hannoveranerin Elly Beinhorn (1907–2007), die 1932 allein um die Welt flog, erinnert. Das ZDF hat ihr Leben jüngst verfilmt.
Laatzen | Ulmer Str. 2 | Stadtbahn: Eichstraße, Bus: Ulmer Straße | www.luftfahrtmuseum-hannover.de | Di–So 10–17 Uhr | Eintritt 8 €, erm. 4 €

Museum August Kestner ⚐ D 4

Das älteste städtische Museum feiert im November 2014 seinen 125. Geburtstag. Mit seinen erfolgreichen Sonderausstellungen und der Kinderakademie für Sieben- bis Zwölfjährige hat das Haus an Frische gewonnen. Kernstück ist die umfangreiche Sammlung ägyptischer, römischer, etruskischer und griechischer Objekte des hannoverschen Sammlers und Diplomaten August Kestner (1777–1853).

Mitte | Trammplatz 3 | Stadtbahn: Aegi, Markthalle, Bus: Friedrichswall | www.kestner-museum.de | Di, Do–So 11–18, Mi 11–20 Uhr | Eintritt 7 €, erm. 5 €, Fr frei

Museum für Energiegeschichte(n) ⚐ C 4

Ob Glühlampe, Röntgenapparat oder Telefon – hier werden phänomenale Entdeckungen, kuriose Konstruktionen oder bahnbrechende Erfindungen gezeigt. Der Einblick in den rasenden technischen Fortschritt wird mit einem Schmunzeln begleitet. Erinnerungen an das »Fräulein vom Amt« mit der unwiderstehlichen Ankündigung »Einen Augenblick, ich verbinde« werden in der Abteilung für Kommunikationstechnologie wieder wach. Spannende Sonderausstellungen.

Calenberger Neustadt | Humboldtstr. 32 | Stadtbahn, Bus: Humboldtstraße | www.energiegeschichte.de | Di–Fr 9–16 Uhr (außer feiertags) | Führung 1. Fr im Monat 14.30–16 Uhr | Eintritt frei

Museum für Textile Kunst ⚐ östl. F 6

Auf 400 qm werden traditionelle und fantasievolle Handarbeiten aus aller Welt gezeigt. Abendkleider der 1920er-Jahre, Hochzeitssaris aus Indien oder für Hula-Tänze gewebte Baumrinde der Südsee sind dabei. Die Weltreise zu den Textilien der Völker ist auch eine zu den jeweiligen Arbeitsbedingungen. Im Shop sind Jacken, Blusen und Hosen aus aller Welt im Angebot.

Kirchrode | Borchersstr. 23 | Stadtbahn: Großer Hillen, Bus: Kleiner Hillen | www.museum-fuer-textile-kunst.de | Di–Fr 11–18 Uhr, Sa, So nach Voranmeldung | Eintritt 10 €, erm. 5 €, Kinder frei

Schloss Herrenhausen ⚑ ⚐ A 1

Die Sommerresidenz der Welfen – 1943 im Krieg zerstört – wurde am Nordrand der Herrenhäuser Gärten 2013 wieder aufgebaut. Das 20-Mio.-Projekt finanzierte in erster Linie die Volkswagenstiftung. Auf 800 qm zeigt die Außenstelle des Historischen Museums, was Gottfried Wilhelm Leibniz, die Welfen, die barocke Hofkultur, die Geschichte der Gärten und die Personalunion mit England für Hannover bedeuteten.

Herrenhausen | Herrenhäuser Str. 5 | Stadtbahn: Schaumburgstraße | www.herrenhaeuser-gaerten.de | April–Okt. tgl. 11–18, Nov.–März Do–So 11–16 Uhr | Eintritt 8 € (inkl. Großer Garten und Berggarten)

Sprengel Museum 🔟 ⚐ D 4

Schwerpunkte dieses bedeutenden und gerade erweiterten Hauses für die Kunst des 20. und 21. Jh. sind deutscher Expressionismus, französische Moderne, Paul Klee, Max Beckmann und Kurt Schwitters (mit einer Rekonstruktion seines Merzbaus). Rund 400 Werke hat die französische Künstlerin Niki de Saint Phalle im Jahr 2000 beigesteuert, seit 1994 besteht auch die Abteilung Fotografie und Medien. Zu verdanken hat

Im Wilhelm Busch – Deutsches Museum für Karikatur und Zeichenkunst (▶ S. 122) im Georgengarten sind Karikaturen des Meisters, kritische Kunst, Cartoons und Comics zu bestaunen.

das 1979 eröffnete Museum einen Großteil seiner Werke dem eifrigen Kunstsammler Bernhard Sprengel (1899–1985), dem Spross einer Schokoladendynastie. Seit dem 1. Februar 2014 ist Reinhard Spieler neuer Direktor.

🕐 Do 12 Uhr »20-Minuten-Gespräch« und Di 18.30 Uhr »Themenführung« mit dem Museumsdirektor oder wissenschaftlichen Mitarbeitern; So 11.15 Uhr Führung zur aktuellen Ausstellung. Südstadt | Kurt-Schwitters-Platz 1 | Stadtbahn: Aegi, Bus: Maschsee/Sprengel Museum | www.sprengel-museum.de | Di 10–20, Mi–So 10–18 Uhr | Eintritt 7 €, erm. 4 €, Fr frei

Städtische Galerie Kubus ⚑ D 4

Seit 1965 ist der 340 qm große, fast quadratische Kubus ein Forum für zeitgenössische Kunst der hannoverschen Kulturszene. Jährlich werden acht aktuelle Ausstellungen gezeigt.

Mitte | Theodor-Lessing-Platz 2 | Stadtbahn: Aegi, Markthalle, Bus: Rathaus/Osterstraße | Di–Fr 11–18, Sa, So 11–16 Uhr | Eintritt frei

Stiftung Ahlers Pro Arte ⚑ D 3

300 Werke zeitgenössischer Kunst hat die Stiftung seit 1995 gesammelt (Kurt Schwitters, Kandinsky oder Emil Nolde). In dem altehrwürdigen Gebäude im Warmbüchenviertel wurde die kestnergesellschaft (▶ S. 118) gegründet.

🕐 Sa um 15 Uhr gibt es eine Führung. Südstadt | Warmbüchenstr. 16 | Stadtbahn: Thielenplatz, Bus: Lavesstraße | www.ahlers-proarte.com | Fr–So 12–17 Uhr | Eintritt 5 €, erm. 3 €

theatermuseum hannover ⚑ D 3

Ganze 350 Jahre Theater- und Operngeschichte in Hannover werden im Schauspielhaus auf 400 qm präsentiert. Viele Sonderausstellungen zu oftmals verblüffenden aktuellen Themen lohnen stets einen Besuch.

Mitte | Prinzenstr. 9 | Stadtbahn: Kröpcke, Schauspielhaus | www.staatsthea ter-hannover.de | Di–Fr, So 14–19.30 Uhr (Juli–Mitte Sept. geschl.) | Eintritt 5 €, frei für Besucher des Schauspielhauses

Veterinärmedizinhistorisches Museum F 3

Das Fachmuseum in der Tierärztlichen Hochschule ist das einzige dieser Art in Deutschland. Die Lehrstätte wurde 1778 als Königliche Roß-Arzeney-Schule von Georg III. gegründet. Die Ausstellung zeigt die Entwicklung der Tiermedizin recht plastisch. Zu sehen sind ca. 6000 Instrumente und Geräte.

Bult | Bischofsholer Damm 15, Haus 120 | Stadtbahn, Bus: Braunschweiger Platz | www.vethis.de | Di–Do 10–16 Uhr | Eintritt frei

Welt der Luftfahrt nördl. D 1

Zwischen den Terminals A und B im Flughafen Hannover-Langenhagen mit seiner Freiterrasse und 16 Restaurants, Bars und Bistros wird auf zwei Etagen und 2000 qm ein Einblick ins Fliegen gegeben. So lädt das »fliegende Klassenzimmer« ein, auch ein nachgebauter Flugdrachen des Flugpioniers Karl Jatho (1873–1933) ist zu bestaunen. Er wagte 1903 auf der Vahrenwalder Heide mit seinem selbst gebauten Dreidecker und einem 12-PS-Motor den ersten Motorflug der Welt (18 m weit).

Langenhagen | Erlebnisausstellung »Welt der Luftfahrt« | Flughafenstraße | S-Bahn, Bus: Flughafen | www.weltder luftfahrt.de | Mo–Fr 9–18, So 10–19 Uhr | Eintritt 4,80 €, Kinder 3,50 € | Flughafen: www.hannover-airport.de

Wilhelm Busch – Deutsches Museum für Karikatur und Zeichenkunst A 2

Als eines der führenden Museen auf dem Gebiet der Karikatur beherbergt das 1937 gegründete Museum mehr als 35 000 Blätter zur Geschichte der ironischen Zeichenkunst seit 1600. Gezeigt werden Ausstellungen von politischer Karikatur über Modezeichnung, geistreiche Cartoons bis zu Kinderbuchillustrationen. Namensgeber Wilhelm Busch wurde 1832 in Wiedensahl bei Hannover geboren und hatte mit seinen (aus)gezeichneten Streichen von »Max und Moritz« 1865 seinen künstlerischen Durchbruch. Davon ist einiges zu sehen. Zu empfehlen ist auch das Museumscafé mit Palaisgarten.

Herrenhausen | Georgengarten 1 | Stadtbahn: Schneiderberg | www. karikatur-museum.de | Di–So 11–18 Uhr | Eintritt 4,50 €, Familien 10 €, Kinder 2,50 €

WOK-Küchenmuseum D 2

Gezeigt werden liebevoll eingerichtete Küchen aus aller Welt vom 14. Jh. bis zur Gegenwart. Das Schönste: Es gibt eine Menge zu probieren. So wird in der Schweizer Küche etwa Schokolade gereicht, in der »Bediensteten-Küche« geräucherte Mettwurst, und in der holländischen steht Käse zum Probieren bereit. Besichtigung nur mit Führung; Anmeldung erforderlich.

List | Spichernstr. 22 | Stadtbahn: Werderstraße, Bus: Kriegerstraße | www.wok-museum.de | Di–Sa 11–19 Uhr | Führung ab 11 Uhr alle 2 Std. | Eintritt 8,90 €, Kinder 4,20 € | Kochkurse 29–39 € | vielfältiges Frühstücks- und Mittagsbüfett

GALERIEN

art studio fael D 2

Es sind Werke etablierter regionaler und internationaler Künstler zu sehen.
Oststadt | Friesenstr. 54 | Stadtbahn: Hauptbahnhof, Sedanstraße | www.studio-fael.de | Mo–Fr 9.30–12.30, 15–18, Sa 11–14 Uhr

Falkenberg Galerie für Neue Kunst B 4

Zwölf deutsche Künstler präsentieren Besuchern in dieser Galerie ihre überraschende Vielfalt an Stilrichtungen.
Linden | Falkenstr. 21 a (Hofgebäude) | Stadtbahn, Bus: Lindener Markt | www.galerie-falkenberg.de | Mo 10–18, Do–Fr 14–18, Sa 12–16 Uhr

Galerie Catharina Siemer B 5

Im Erdgeschoss werden Wechselausstellungen junger Künstler und handgefertigte Massivholzmöbel gezeigt. Die junge Galeristin koordiniert auch das Kunstprojekt »Papergirl«.
Linden | Hanomaghof 2, Halle 96 | Stadtbahn: Allerweg | www.catharina siemer.de, www.papergirl-hannover.de | Mi–Fr 15–20, Sa 11–15, So 13–17 Uhr

Galerie für Fotografie E 4

Eine ehemalige Fabrikhalle bildet das Forum für Wechselausstellungen von Arbeiten international erfolgreicher Fotojournalisten. Auch Bilder von »Ikonen der Fotogeschichte« sowie von Teilnehmern des Studiengangs Fotojournalismus und Dokumentarfotografie der Hochschule sind zu sehen.
Südstadt | Seilerstr. 15 d | Stadtbahn: Schlägerstraße, Marienstraße, Bus: Stolzestraße | www.gafeisfabrik.de | Di 12–20, Mi–So 12–18 Uhr | Eintritt frei

Galerie Koch D 3

Dies ist die älteste Galerie der Stadt, sie wurde bereits 1955 gegründet. Der Schwerpunkt liegt hier auf Gemälden, Aquarellen, Grafiken und Plastiken der klassischen Moderne. Außerdem vertritt die Galerie ausgewählte zeitgenössische Künstler.
Mitte | Königstr. 50 | Stadtbahn: Königstraße | www.galeriekoch.de | Di–Fr 10–18, Sa 11–14 Uhr

Galerie Robert Drees C 2

Auf 300 qm werden in einem alten Fabrikgebäude sechs Ausstellungen im Jahr organisiert. Neben international etablierten Künstlern vertritt die Galerie auch »aufstrebende Junge«.
Nordstadt | Weidendamm 15 | Stadtbahn: Werderstraße, Christuskirche | www.galerie-robert-drees.de | Mi, Fr 10–18.30, Do 14–18.30, Sa 11–14 Uhr

Lumas D 3

Die in Berlin gegründete Galerie (mit Niederlassungen in New York, Paris und London) verkauft handsignierte Originalfotografien von rund 160 jungen internationalen Künstlern.
Mitte | Luisenstr. 10–11 (in der Kröpcke-Passage) | Stadtbahn: Hauptbahnhof, Kröpcke | www.lumas.de | Mo–Fr 10–19, Sa 10–18, So 13–18 Uhr

NORD/LB art gallery D 4

Nationale und internationale Künstler der zeitgenössischen Moderne sind zu sehen. Hin und wieder gibt es auch Werke aus dem Fundus des Sprengel Museums – wie z. B. von Emil Nolde.
Mitte | Friedrichswall 10 | Stadtbahn: Aegi | www.nordlb.de | Di–So 12–18 Uhr | Eintritt frei

VON WATERLOO ÜBER DAS LEINEUFER ZUM STRANDBAD

»Hannovers größtes Kunstmuseum ist der öffentliche Raum«,
berichtet die Kulturdezernentin – 200 historische und zeitgenössische
Skulpturen schmücken die Stadt. Also auf zu großen Plastiken,
kleinen Plätzen und geheimen Ecken! Seien Sie auf dieser Tour zu
innenstadtnahen Orten mit Kultur und Natur gespannt auf die
»Nanas«, den »Petersdom des Nordens«, einen Massenmörder oder
Goethes Nebenbuhler Kestner. Maritimes Flair, Palmen, Musik
und Liebesecken verbinden sich zu einem Gesamtkunstwerk.

◄ Drei dralle »Nanas« (► S. 63) der Künstlerin Niki de Saint Phalle zieren das Leineufer.

START U-Bahn: Waterloo
ENDE Stadtbahn: Döhrener Turm;
für die Verlängerung: U-Bahn
Waterloo oder Bus 100/200
am Sprengel Museum
LÄNGE 7 km (ca. 2 Stunden ohne
Besuch von Museen und Rathaus); weitere 5 km für die
gesamte Runde

Bereits die U-Bahnstation **Waterloo** zieren Wandgemälde, jedenfalls zeigen die neuen Bilder Phasen der Stadtgeschichte. Das stimmt Sie ein auf die Vergangenheit. Denn sobald Sie die U-Bahnstation verlassen, sehen Sie vor sich die 46 m hohe **Waterloosäule**, die an den Sieg der Preußen, Briten und Hannoveraner über Napoleon im Jahr 1815 erinnert. Nehmen Sie von hier die Mittelstraße zur **Neustädter Kirche**.

Von Waterloo bis zur Goethestraße
In der Nachbarschaft des 1996 geschaffenen Wünschesteins auf dem Marktplatz vor der Neustädter Hof- und Stadtkirche stand im 18. Jh. das seinerzeit weltbekannte Hotel Wappen von England. Dort verkehrte in der Epoche der Personalunion zwischen Hannover und Großbritannien (1714–1837) die Prominenz, und vermutlich lauerten hier die Klatschreporter jener Zeit. Im Nachbarhaus lebte der Bankier Mayer Amschel Rothschild (1744–1812), den ein hannoverscher General als Finanzberater an den Landgrafen Wilhelm von Hessen vermittelt hatte.
Doch jetzt werfen Sie mal einen Blick in die Kirche: In dem nach 1943 wieder in barockähnlichem Stil aufgebauten Gotteshaus liegt das **Grab Gottfried Wilhelm Leibniz'**. Die Inschrift »Ossa Leibnitii« auf der Gedenkplatte rechts vom Altar erinnert daran. Gehen Sie zur **Roten Reihe**. Die Straße heißt wegen der damals roten Häuserfarben so, die Blaue Reihe steht nicht mehr.

Rühmkorff und Fritz Haarmann
Links von der Roten Reihe biegen Sie in den **Rosmarinhof** ein. Der liegt etwas versteckt. Da findet man zunächst eine Tafel am Haus. Sie erinnert an das Geburtshaus von Heinrich Daniel Rühmkorff (1803–1877), das heute nicht mehr steht. Der Mechaniker erfand den Funkeninduktor, der später in Funkanlagen und Röntgengeräten Verwendung fand. Von Napoleon III. wurde Rühmkorff mit einem Wissenschaftspreis von 50 000 Francs ausgezeichnet (1864).
Die Rote Reihe ist auch durch den Massenmörder Fritz Haarmann bekannt, der hier in einer Mansardenwohnung lebte, 24 junge Männer tötete und 1924 zum Tode verurteilt wurde. Die Verfilmung mit Götz George ist meisterhaft gelungen (»Der Totmacher« von 1995), sofern man das bei so einer düsteren Handlung sagen mag. Doch die finstere Gestalt Haarmann hat ihren festen Platz in der Stadthistorie und irgendwo im alljährlichen Adventskalender, auf dem illustre Personen Hannovers versteckt sind.
Nun können Sie in der Stille der katholischen **Propsteikirche St. Clemens**, dem »Petersdom des Nordens« (der Nebeneingang ist meist offen), wieder Kraft schöpfen. Es ist die einzige Kirche in Norddeutschland in italienischem Stil. Sie wurde 1712 als erste ka-

tholische Kirche Hannovers nach der Reformation gebaut. Weiter geht es östlich über die Clemensstraße zum viel befahrenen Leibnizufer. Sie sehen dort quasi den Nabel der Kultur – das Ministerium für Wissenschaft und Kultur. Davor ruht die »**Umschauende**« von Kurt Lehmann (1905–2000). Der Bildhauer und Professor in Hannover schuf die vielsagende Skulptur mit dem Rückblick sogar schon, als es sich bei dem Haus noch um die Verwaltung der Preussag AG handelte – 1957. Aus dem Stahl- wurde der Touristikkonzern TUI, dessen Sitz sich heute nahe der Medizinischen Hochschule in Groß-Buchholz befindet.

»Nanas« mit Flohmarkt

Der Weg führt zu »**Deus ex Machina**« von Bernhard Heiliger (1915–1995) ebenfalls am Leibnizufer/Goethestraße. Das teilweise farbig gefasste Eisen wurde 1985 aufgestellt und war der Beginn der Skulpturenmeile. Sie verläuft auf 1,2 km vom Königsworther Platz bis zum Niedersächsischen Landtag.

Wollen Sie die »**Symphony in Red**« von John Henry aus dem Jahr 2000 auf der Mittelinsel des Königsworther Platzes sowie zwei weitere Objekte sehen, biegen Sie nach links (600 m). Ansonsten geht es rechts am Leibnizufer weiter zu den stadtbekannten drallen Figuren von Niki de Saint Phalle (1930–2002), den drei »**Nanas**«. Die farbigen Polyestermodelle gehören seit 1974 zum ältesten deutschen **Flohmarkt** 🔲, der hier jeden Samstagmorgen öffnet.

Gehen Sie am Leibnizufer 100 m zurück und biegen Sie rechts auf die Fußgängerbrücke über die Leine ab. Sie sehen das **Historische Museum** mit dem

leuchtenden Zitat Gottfried Wilhelm Leibniz', installiert vom Konzeptkünstler Joseph Kosuth (geb. 1945), und den Beginenturm als Urzelle Hannovers. Folgerichtig erinnert der »**Mann mit Pferd**« von Hermann Scheuernstuhl (1894–1982) daneben seit 1957 an die ehemalige Pferdetränke am Flussufer. Dreimal während eines Altstadtfests aus der Leine gefischtes Gerümpel ließ der ungarische Künstler János Nádaskdy (geb. 1939) pressen und auf einen Sockel stellen. Die »**Leineentrümpelung**« steht nahe der Schlossstraße.

Hier bietet sich auch ein Abstecher durch die Altstadt zu Leibnizhaus, Marktkirche und Ballhof an. Sie folgen aber sonst weiter der Schlossstraße, queren die Leine auf ihr sowie die ersten zwei Fahrbahnen des Leibnizufers.

Eckermann und Goethe

Nun können Sie Goethes Privatsekretär Johann Peter Eckermann (1792–1854) besuchen. Der Duve- oder Sämannbrunnen auf dem Mittelstreifen erinnert zwar an den hannoverschen Seiden- und Metallhändler Johann Duve (1611–1679, mit Familiengrab im Anbau der Kreuzkirche), aber einstmals wohnte an dieser Stelle im Haus Nr. 887 der spätere Privatsekretär des Dichterfürsten. Johann Peter Eckermann war Schreiber in seiner Geburtsstadt Winsen an der Luhe und verbrachte die Jahre 1815 bis 1821 in diesem Haus an den zwei Brücken über die Leine, die damals Alt- und Neustadt miteinander verbanden. Es sind nur ein paar Schritte zu einem weiteren »Goethe-Ort«. Sie überqueren nun vom Brunnen aus das Leibnizufer ganz nach Westen und folgen ihm nach Südosten.

In der Halle unter der fast 100 m hohen Kuppel des Neues Rathauses (▶ MERIAN TopTen, S. 65) sind vier Stadtmodelle Hannovers vom Mittelalter bis zur Gegenwart zu sehen.

Hier treffen Sie auf »**Avenue K**« von Kenneth Snelson. Die aus Aluminium und Stahlseilen bestehende Plastik suggeriert Raum und Richtung und verbindet die »Skulpturenmeile« mit dem Friederikenplatz. Hier stehen Sie dann vor dem **Hauptstaatsarchiv**. Das ist spannender, als Sie denken: Dort arbeitete früher Goethes Nebenbuhler Johann Christian Kestner, ein Referendarskollege, der 1741 im heutigen Stadtteil Döhren geboren wurde. Beide hatten sich bei ihrer Juristenausbildung in Wetzlar in Charlotte Buff verliebt. Sie verlobte sich mit Kestner und ließ Goethe sitzen. Der verfasste hingegen 1774 »Die Leiden des jungen Werther«, aus Enttäuschung wurde Weltliteratur. Dann sehen Sie dort noch einen stattlichen Mann vor dem Hauptstaatsarchiv. Es ist das **Standbild des Generals Graf Carl August von Alten** (1764–1840). Er blickt hinüber zum Waterlooplatz,

denn in der Schlacht bei Waterloo am 18. Juni 1815 siegte der General zusammen mit dem preußischen Marschall von Blücher über Napoleons Heer.

An Frankreich erinnert noch die »**Île de France**«, eine Plastik von Berto Lardera am Friederikenplatz auf Höhe der Culemannstraße. Sie wurde ursprünglich für Frankreich anlässlich der Weltausstellung in Montreal (1967) erstellt.

Alles über die Kestners

Auf geht es zum nächsten Kestner. Folgen Sie dem Friedrichswall zum Neuen Rathaus. Kurz davor steht das **Museum August Kestner**. Viele denken bei dem Namen an Erich Kästner, doch der wäre wohl eher in Dresden zu erwarten. Unser Kestner war Kunstsammler, Diplomat und einer der zwölf Kinder von Johann Christian Kestner und seiner Charlotte (ihr Grab befindet sich auf dem Gartenfriedhof in der Marienstraße). Die beiden waren von Wetzlar nach Hannover gezogen. Sohn August studierte in Göttingen bis 1799, wurde hannoverscher Gesandter im Vatikan, lebte in Rom und Neapel, sammelte ägyptische Kunstgüter und gründete das Deutsche Archäologische Institut mit. 1889 entstand das nach ihm benannte Museum in Hannover, dem er seine Kunstsammlung gestiftet hatte. Die Lichtinstallation »**Rotverschiebung**« von Christoph Rust lässt die wabenartige Fassade des Kestner-Museums nachts zu einem Kunstwerk werden und verbindet sich so mit den drei Kunstobjekten auf dem Trammplatz vor dem Neuen Rathaus. Da ist »**Die große Familie**« von Eugène Dedigne, die Verwandtschaften suggeriert und an Persönlichkeiten mit ihren Geschichten denken lässt. Der »**Große verletzte Kopf**« von Rainer Kriester hat ausdrücklich keinen Bezug zum Ort. Er symbolisiert Abweichungen und Unregelmäßigkeiten, die Geste der großen Hände mag davor schützen. Ditmar Schädels Fotogramm »… wie werden wir im Vertrauen auf dich wieder unseren Weg gehen …« wurde im Jahr 1995 anlässlich der Gedenkfeiern zum 50. Jahrestag der Zerstörung von Hannovers Partnerstadt Hiroshima in das Pflaster eingelassen. Sie können noch den Bogenaufzug im **Neuen Rathaus** 6 fahren, sich unten im Haus die Stadtmodelle anschauen oder gleich durch den Maschpark am Maschteich vorbeigehen. Stopp, darin schläft die »**Ägäis**«, so heißt die Plastik von Toni Stadler an der Treppe hinter dem Neuen Rathaus. Auf einem hohen Sockel thront »**Glenklin Cross**« (Schottisches Kreuz) noch im Park. In der Form eines keltischen Kreuzes lassen sich allerdings auch Umrisse eines menschlichen Körpers erahnen. Die Skulptur wurde von Bernhard Sprengel gestiftet. Den werden Sie gleich noch näher kennenlernen.

Von der eisernen Bogenbrücke eröffnet sich einer der schönsten Blicke auf das Neue Rathaus. Sie heißt auch Liebesbrücke – wegen der verwegenen Sitte, eine neue Liaison symbolisch mit einem Vorhängeschloss zu verschließen – denn hier hängen Hunderte davon. Somit trägt sie auch den Spitznamen »Schlossbrücke«.

Vielleicht ist nun Zeit für eine Rast im Gartensaal des Neuen Rathauses oder in dem kleinen Restaurant **Loretta's** ein paar Schritte westlich davon. Doch dann geht es weiter zum **Maschsee** ⭐ und zum Künstler Kurt Schwitters.

Sprengel war großzügig

Der Maler, Dichter und Werbegrafiker aus Hannover prägte als Merzkünstler das dadaistische Gesamtweltbild. Einige seiner Werke zeigt das **Sprengel Museum** 10 , vor dem Sie jetzt stehen. Bernhard Sprengel hatte als Schokoladenfabrikant viel Geld verdient und reihenweise Werke von Picasso, Chagall, Macke und Klee gekauft. Zu seinem 70. Geburtstag schenkte er alles der Stadt Hannover und stiftete zudem 2,5 Mio. Mark für den Bau eines Museums, das dann zehn Jahre später tatsächlich unter seinem Namen eröffnet und 2014 nun erweitert wurde.

Von dem Mäzen stammt auch der 6 m hohe, rote »**Hellebardier**« von Alexander Calder (1898–1976), der am Nordufer des Maschsees einen modernen Kontrast zum »**Fackelträger**« auf einer

18,5 m hohen Steinsäule und dem »Fisch mit reitender Putte« setzt. Beide stammen aus der Nazi-Zeit von 1936. Am Eingang zum Sprengel Museum sind auch noch Erich Hausers »Stahlkugelblätter« von 1981 sowie Horst Antes' »Figur 1. September« von 1972 zu sehen. Vom Museumsrestaurant bell'Arte öffnet sich ein herrlicher Blick über den Maschsee.

Vom Nordufer bis zur Löwenbastion

Der Blick auf die Palmen und den kleinen Musikpavillon am Nordufer lässt ahnen, welchen mediterranen Reiz der 2,4 km lange See auf die Hannoveraner ausübt. Sie joggen gerne um ihn herum, sie fahren Boot oder genießen einfach nur das Flair, das er ausstrahlt. Es ist der Lieblingsort vieler Menschen in der Stadt. Hier am Geländer des Nordufers haben wieder viele ihre Liebesschlösser aufgehängt.

Gehen Sie ein Stück am Rudolf-von-Bennigsen-Ufer Richtung Süden. Sie sehen den **NDR**, wo manchmal Konzerte im Sendesaal zu hören sind. Sie können den Schwänen zuschauen und die obere Reling des Fußballstadions gegenüber sehen. Das ZDF-Landesstudio liegt etwas versteckt unter den Bäumen am Rudolf-von-Bennigsen-Ufer. Das »**Menschenpaar**« von Georg Kolbe haben Sie vielleicht am Ufer entdeckt, es wurde 1936 aufgestellt.

Sie finden Bänke zum Sitzen und ein Café und Restaurant mit Außenplätzen über dem Wasser, das sich **Pier 51** nennt. Die Freie Walldorfschule liegt am See. Hier geht der Weg An der Engesohde zum gleichnamigen **Friedhof** hindurch (ca. 500 m bis zum Eingang). Der Abstecher lohnt sich, denn die

21 ha große Parkanlage mit dem Torhaus ist großzügig gestaltet und diente fast allen bekannten Persönlichkeiten der hannoverschen Stadtgeschichte ab 1861 als letzte Ruhestätte. In dem Jahr wurde sie eingerichtet. Viele Grabmäler sind sehr aufwendig gestaltet. Und was ist das? Es gibt sozusagen ein Wiedersehen mit dem Dada-Literaten Kurt Schwitters, der 1948 starb. Auf seinem Grabstein ließ er sein Motto festhalten: »Man kann ja nie wissen«.

Gehen Sie den Weg An der Engesohde wieder zurück zum Ufer. Jetzt gelangen Sie zu einem lieblichen Rondell, das in den See ragt, die **Löwenbastion**. Dort sitzen auch oft Liebende, bisher ganz ohne Vorhängeschloss. Auch von diesem Ort haben Sie einen der schönsten Seeblicke. Vorn sind zwei Löwen von Arno Breker zu sehen, 1938 hier verankert. Beim Maschseefest ist die Löwenbastion ein zentraler Punkt für Livemusik, Tanz und Biergartenambiente.

Zum Strandbad am Südufer

Etwas versteckt im Gebüsch und am Ufer steht die Skulptur »**Der Schwimmer**«, die im Gegenlicht auf den ersten Blick ziemlich echt aussieht (1948 von Erich Haberland geschaffen). Nehmen Sie Platz im »**Insel**«-Biergarten mit einem der besten Panoramen auf den See. Gehen Sie hinauf zum Restaurant **Die Insel**, einem der besten Hannovers. Der Wellnessklub Aspria nebenan hat Tageskarten und eine Dachterrasse mit Gastronomie. Im Sommer können Sie auch im Strandbad davor baden.

Wenn Sie diesen Spaziergang am Südufer nun beenden wollen, überqueren Sie nördlich vom Restaurant Die Insel das Rudolf-von-Bennigsen-Ufer an der

Fußgängerampel und folgen dem Fußweg bis zur Hildesheimer Straße. 50 m rechts halten die Stadtbahnen 1, 2 und 8 an der Haltestelle Döhrener Turm.

Doch erst einmal: Zeit zum Entspannen und Genießen, und das bei diesem Seeblick! Und was sagt der Hannoveraner jetzt? »Wenn ich diesen See seh', brauch ich gar kein Meer mehr.« Eben!

Verlängerung: Umrundung des Maschsees und Ricklinger Seen

Wenn Sie jetzt noch mehr Lust auf Natur und Ruhe verspüren, gehen Sie einfach weiter und umrunden Sie den Maschsee mit einem Abstecher zu den Naturteichen der **Ricklinger Seen**, die nur 1 km weiter südlich liegen. Biegen Sie hierfür an der Maschseequelle links ab. Sie überqueren anschließend die Leine auf einem Weg namens »Am Walle« und kommen zum **Ricklinger** und **Dreiecksteich**.

Im Sommer sollten Sie hier ruhig ein paar Züge schwimmen, sich sonnen oder auf den Eiswagen warten. Wenn Sie ein Fan hüllenlosen Badens sind, gehen Sie weiter nach Süden zum **Sieben-Meter-Teich**. Folgen Sie nun dem schnurgeraden Wasserfehdeweg nach Norden. An einer Weggabelung halten Sie sich rechts und unterqueren die Bahngleise. Rechts geht es durch die Allee des Ohedamms. Dann überqueren Sie »Am schnellen Graben«, ein Wasserkraftwerk von 1922, wieder die Leine und sind zurück am Maschsee.

In der Gaststätte des Hannoverschen Ruder-Clubs können Sie eine Rast einlegen (Mo 17–21, Di–Fr 14–22, Sa 12–22, So 11–20 Uhr). Die Aussicht von der Terrasse über den See ist wunderbar, die Speisekarte gut bürgerlich. Von hier folgen Sie dem Karl-Thiele-Weg am Ufer, bis Sie am **Seebiergarten** wieder das Nordufer erreichen.

Sommerliche Badefreuden an den Ricklinger Seen (▶ S. 131). Die südlich des Maschsees gelegenen Kiesteiche zählen mit ihren Liegewiesen zum größten Freizeitgelände der Stadt.

DAS UMLAND
ERKUNDEN

Die Festung Wilhelmstein (▶ S. 136) thront
auf einer künstlichen Insel im Steinhuder Meer.

DEISTER UND JAGDSCHLOSS SPRINGE

CHARAKTERISTIK: Barsinghausen mit dem Zechenpark vermittelt 300 Jahre Geschichte des Kohleabbaus. Wandern auf dem Deister-Kohle-Pfad durch den bis zu 395 m hohen Bergrücken südwestlich von Hannover ist zu jeder Jahreszeit zu empfehlen. Im Sommer gehört ein Besuch der Freilicht-Bühne Barsinghausen dazu, im Wisentgehege bei Springe leben Hunderte Tiere naturnah im Wald **ANFAHRT:** Barsinghausen: S-Bahn S1 und S2; Wisentgehege: S1 und S2 bis Bennigsen, S5 bis Springe oder Völksen, weiter jeweils mit dem Bus 382 bis Wisentgehege Eingang; alternativ mit dem Auto etwa 20 Min. ab Innenstadt **DAUER:** halber bis ein Tag

Barsinghausen ist bekannt durch die Fabrikation der Bahlsen-Kekse. Ein großer, heller Kasten strahlt von Weitem. In früherer Zeit aber wurde tief unten im Deister die Kohle abgebaut. Mit der **Grubenbahn** lässt sich (nach Voranmeldung) im Besucherbergwerk 1470 m tief in den Klosterstollen hineinfahren (auch im Sommer Jacke einpacken, unter Tage herrschen ständig nur 9 °C). 300 Jahre Bergbaugeschichte sind im kleinen Museum anschaulich dargestellt. Mit der Straßenbahn wurde beispielsweise von 1899 an Kohle bis Linden (heute ein Stadtteil von Hannover) zu den Wohnhäusern und Fabriken transportiert. 1957 stellte man den unrentablen Abbau der ohnehin minderwertigen Kohle ein.

Schön ist der Ausblick vom Abraumhügel im benachbarten **Zechenpark**. Tief hinein ins Calenberger Land, bisweilen bis zum 20 km entfernten Hannover oder zum etwa gleich weit entfernten Steinhuder Meer fällt der Blick. Wer möchte, kann sich nun auf eine etwa zweistündige Wanderung über den **Deister-Kohle-Pfad** begeben, der durch die Sandsteingruben der »Barsinghäuser Schweiz« (aus dem Stein bestehen: Leineschloss, Waterloosäule,

Kölner Dom) zum Kloster aus dem 13. Jh. und durchs Fuchsbachtal führt. Da trainiert auch bisweilen das deutsche Fußballnationalteam. Zu empfehlen sind die Aufführungen der **Deister-Freilicht-Bühne** in Barsinghausen.

Wer dagegen mehr auf Wald und Tiere steht, ist mit dem **Kleinen Deister** südlich von Springe gut versorgt. Das **Wisentgehege** wurde 1928 gegründet – zum Erhalt des riesigen Wildrindes. Heute ist das nur eine von 120 Tierarten, die in naturnah gestalteten Gehegen zu beobachten sind. Wildschweine, Wölfe und Bären gehören dazu.

Der **Saupark** gleich nebenan entstand als Jagdrevier von Adel und Kaiser Wilhelm II. für Rotwild und wurde mit einer 16 km langen Kalksteinmauer umgeben. Die Adeligen schossen, und Wilhelm II. war häufig zu Gast.

Der Kaisersaal im 1836 bis 1842 erbauten **Jagdschloss Springe** strahlt wieder im alten Glanz. Im Lavessaal befand sich einst das Speisezimmer mit prächtigen Wand- und Deckenmalereien.

In Springe zeigt das **Museum auf dem Burghof** Handwerk, Wald-, Forst- und Landwirtschaft sowie Erdgeschichte; im **Fußballmuseum** finden sich 1000 Exponate in neun Themenbereichen.

INFORMATIONEN

Besucherbergwerk Klosterstollen Barsinghausen

Barsinghausen | Hinterkampstr. 6 | Reservierungen für eine Grubenfahrt unter Tel. 05105/514187 (werktags 10–12 Uhr) | www.klosterstollen.de | Di–So 14–17 Uhr | Eintritt 3 €, Kinder 14–17 J. 2 €, 6–13 J. 1 €, Grubenfahrt 8 €, Kinder 4 €

Deister-Freilicht-Bühne Barsinghausen e.V.

Barsinghausen | Ludwig-Jahn-Str. 13 | Karten bei Tourismus Barsinghausen (Tel. 05105/774263) und Hannover Tourismus-Service (Tel. 0511/1684 9720) | www.deister-freilicht-buehne.de

Kloster

Barsinghausen | Bergamtstr. 8 | Besichtigung und Übernachtung nach Anfrage | Tel. 05105/61938

Fußballmuseum Springe

Springe | Hinter der Burg 1 | www.fussballmuseum-springe.de | März–Nov. Fr 15–19 Uhr

Jagdschloss Springe

Springe | Jagdschloss | www.jagdschloss-springe.de | Nov.–März Di–So 10–16, April–Okt. Di–So 10–17 Uhr | Eintritt 3 €, Kinder 1,50 €

Museum auf dem Burghof

Springe | Auf dem Burghof 1a | www.museum-springe.de | Di–Do 10.30–13, 14–16, Fr 10.30–13, So 10.30–16 Uhr | Eintritt 1,50 €, Kinder 0,50 €

Wisentgehege

Springe | Wisentgehege 2 | www.wisentgehege-springe.de | ganzjährig tgl. ab 8.30 Uhr bis Einbruch der Dämmerung | Eintritt 11 €, Kinder 7 €

Der Zechenpark von Barsinghausen (▶ S. 134) am Deister. Hier bringen Loren Besucher in den Klosterstollen unter Tage zu einer Erlebnistour. Sehenswert ist auch das Museum über Tage.

STEINHUDER MEER UND SCHLOSS LANDESTROST

CHARAKTERISTIK: Das Steinhuder Meer, der größte See Niedersachsens, ist seit Eröffnung der Bahnlinie 1898 dorthin (inzwischen eingestellt) der klassische Naherholungsraum der Hannoveraner. Man fährt auf die Insel Wilhelmstein (zum Krimi-Dinner) oder schlendert durchs idyllische Scheunenviertel. Ein Abstecher nach Neustadt führt durch die Innenstadt und zum Schloss Landestrost **ANFAHRT:** Regionalexpress oder S-Bahn-Linie S1 und S2 vom Hauptbahnhof Hannover bis Wunstorf, weiter mit Bus 710, 711 nach Steinhude; oder per Auto von Hannover etwa 30 Min. Nach Neustadt: Regionalexpress oder S-Bahn-Linien S2 bis Bahnhof Neustadt, dann 7 Min. Fußweg durch die Herzog-Erich-Allee, rechts in die Schlossstraße. Von Steinhude nach Neustadt mit Bus 710 und 711 zurück nach Wunstorf, dann in die S-Bahn S2 Richtung Nienburg. Fahrradbus 835 zwischen Wunstorf und Neustadt über Steinhude, Bad Rehburg, Mardorf (und Gegenrichtung) April–Okt. nur Sa, So, Juni–Aug. tgl. **DAUER:** Tagesausflug

Das Scheunenviertel in **Steinhude** ist ein Kleinod. Da gibt es einen Bouleplatz, ein Spielzeugmuseum, die Naturparkscheune und urige Lokale sowie die Tourist-Information. Nahebei steht auch das Fischer- und Webermuseum. Im alten Badehaus aus dem Jahr 1910 sind Insekten und Schmetterlinge zu beobachten. Sehenswert ist außerdem die **Skulpturenpromenade** am Ufer des Steinhuder Meeres. Es ist 32 qkm groß und 2 bis 3 m tief. Besuchen Sie mit dem historischen »Auswandererboot« das Nordufer in Mardorf oder die künstliche Inselfestung **Wilhelmstein**, 1767 als Zufluchtsort (zeitweilig Gefängnis) und für eine Kriegsschule gebaut. Auf der Insel kann man auch übernachten, die dortige Gastronomie und den Ausblick erleben. Es gibt Krimikomödien mit Dinner. In Steinhude ist Aal die Spezialität. Die Badeinsel lockt, Fahrradverleih und Fahrradbus erweitern den Radius.

Auf der Nordostseite des Steinhuder Meeres liegt **Neustadt**. Begeben Sie sich vom Bahnhof über die Herzog-Erich-Allee zum **Schloss Landestrost**. 1573 bis 1584 ließ es Herzog Erich II. zu Braunschweig-Lüneburg und Regent des Fürstentums Calenberg im Stil der Weserrenaissance bauen. Heute gehört zum Schloss – seit 1997 im Besitz der Stiftung Kulturregion Hannover – ein Torfmuseum. In den Kasematten gärt der einzige in Niedersachsen hergestellte Sekt. Das Weinhaus und die Sektkellerei Duprès/Kollmeyer haben ihre Wurzeln im 17. Jh. Verpassen Sie nicht den 70 m langen Laubengang aus 250 Jahre alten Hainbuchen im Amtsgarten. Ein Rundgang führt an der Kleinen Leine entlang zur Ecksteinmühle, dann nach Westen zum **Erichsberg**. Von der einstigen Bastion Erich II. gelangt man vorbei an Bouleplatz und Teich wieder zum Bahnhof oder durch die mit Läden durchzogene Innenstadt.

Hans-Jürgen Zimmermann schuf 1994 »Undines Traum« aus Edelstahl. Die Arbeit ziert gemeinsam mit weiteren Kunstwerken die Skulpturenpromenade (▶ S. 136) am Steinhuder Meer.

INFORMATIONEN

Steinhuder Meer Tourismus GmbH

Steinhude | Meerstr. 15–19 (im Scheunenviertel) | Tel. 0 50 33/9 50 10 | www.steinhuder-meer.de

Inselfestung Wilhelmstein

Per Schiff ab Steinhude | April–15. Okt. tgl. 9.30–17.30 Uhr | Führungen Tel. 0 50 33/9 50 10, Schiffszeiten Tel. 17 21 | www.wilhelmstein.de

Schloss Landestrost

Ausstellung zur Schlossgeschichte | Mi–Fr 10–12, Sa, So 14–17 Uhr

– Veranstaltungen im Schloss | Schlossstr. 1 | Tel. 0 50 32/89 91 54
– Torfmuseum im Schloss | www.torf museum-neustadt.de, www.stiftung-kulturregion.de | Di, Sa, So 14–17, Mi, Do, Fr 10–12 Uhr | Führungen zum Thema Moor auch in der Ökologischen Schutzstation Steinhuder Meer | Tel. 0 50 37/ 96 70 | www.oessm.org, www.natur park-steinhuder-meer.de
– Sektkellerei: Führungen durch den Gewölbekeller nur nach Anmeldung, Duprès/Kollmeyer Sektkellerei & Weinhaus | Marktstr. 1 | 31535 Neustadt | Tel. 0 50 32/ 33 02 | www.niedersachsensekt.de

HANNOVER
ERFASSEN

Bunte Traumwelt in der Niki-de-Saint-Phalle-
Grotte (▶ S. 108) in den Herrenhäuser Gärten.

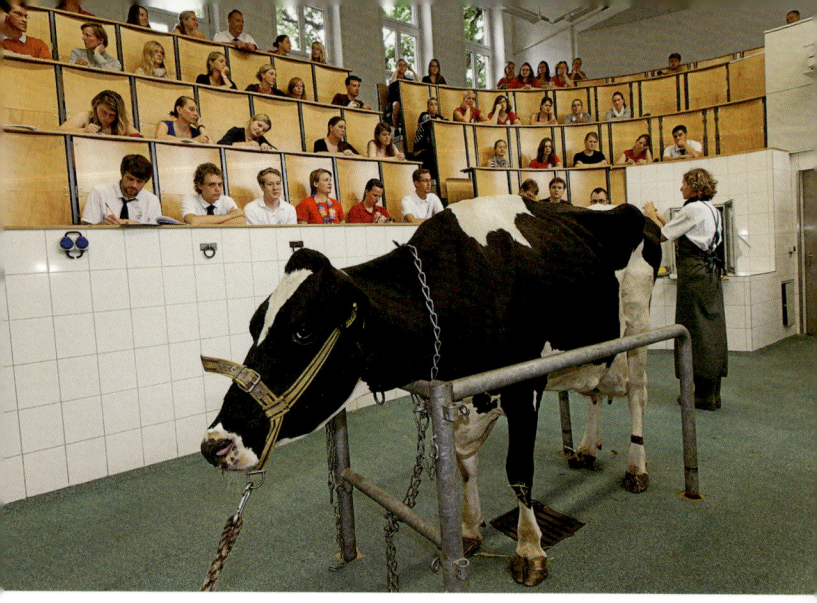

AUF EINEN BLICK

Hier erfahren Sie alles, was Sie über die Landeshauptstadt Niedersachsens wissen müssen – kompakte Informationen über Land und Leute, von Bevölkerung und Sprache über Geografie und Politik bis Religion und Wirtschaft.

BEVÖLKERUNG

Von den 514 000 Einwohnern besitzen rund 14 % ausländische Wurzeln. Um Migranten wird sich bemüht, denn als Forschungs-, Messe- und Ideenstadt sind kluge Köpfe aus aller Welt gefragt. In Hannover leben heute u. a. 18 000 Türken, 5900 Polen, 3800 Ukrainer und 3900 Griechen.

LAGE UND GEOGRAFIE

Hannover liegt an der Schwelle der Mittelgebirge zur norddeutschen Tiefebene im Urstromtal der Leine. Im Südwesten grenzen die Ausläufer des Weserberglands mit seinen fruchtbaren Lössböden an das Stadtgebiet. Hier kreuzen sich die Handelswege Nord–Süd und Ost–West. Über den Mittellandkanal ist Hannover auch an das Binnenschifffahrtsnetz angebunden.

Nur 55 m über dem Meeresspiegel liegt die Stadt. Höchste Erhebung ist der Kronsberg (118 m) am Messegelände. Jährlich fallen etwa 661 mm Niederschlag. Zwischen Mai und August gelten 22 Sommertage, an denen mehr als 25 °C erreicht werden, als sicher.

◀ Die Tierärztliche Hochschule Hannover (▶ S. 122) wurde bereits 1778 gegründet.

POLITIK UND VERWALTUNG

Oberbürgermeister Stefan Schostok (SPD) ist 2013 im zweiten Wahlgang der Direktwahl mit 66,3 % für acht Jahre ins Amt gewählt worden. Zuvor war er drei Jahre lang Vorsitzender der SPD-Fraktion im Niedersächsischen Landtag. Schostoks Parteikollege und Vorgänger als Oberbürgermeister, Stephan Weil, ist seit Februar 2013 Ministerpräsident Niedersachsens. SPD und Bündnis 90/Die Grünen bilden eine Koalition im Rat der Stadt.

RELIGION

Seit der Reformation, die in der Altstadt 1533 bis 1534 eingeführt wurde, ist Hannover protestantisch geprägt. Heute ist die Leinestadt Sitz der EKD (Evangelische Kirche in Deutschland) und war viermal Gastgeber des evangelischen Kirchentags.

SPRACHE

Das hier gesprochene Hochdeutsch gilt als das reinste in Deutschland. Plattdeutsch hat wieder eine wachsende Bedeutung, bekannt ist das Lindener Platt.

WIRTSCHAFT

Wegen seiner günstigen Wohn- und Lebenshaltungskosten bei relativ hohem Verdienst und guter Lebensqualität sowie der Lage mitten in Europa gilt Hannover als attraktiver Wirtschaftsstandort. In der Metropolregion, zu der auch Braunschweig, Göttingen und Wolfsburg gehören, leben etwa 4 Mio. Menschen. In diesem Viereck sind zahlreiche Zentren von Forschung und Entwicklung angesiedelt. Allein in der Autoindustrie Hannovers (VW-Nutzfahrzeuge in Stöcken) mit ihren Zulieferern arbeiten rund 28 000 Menschen. Neben bedeutenden Versicherungen (Talanx, VHV, Hannover Rück) und der Norddeutschen Landesbank ist die Region Sitz des Touristikriesen TUI sowie hier gegründeter Traditionsfirmen wie Bahlsen, Continental, Hanomag (Komatsu) oder Sennheiser. Die Medizinische Hochschule genießt weltweit einen guten Ruf. Der Medical Park ist ein internationales Zentrum für Biomedizintechnik, Transplantation und Implantatforschung. Das Hirn- und Nervenforschungszentrum INI sowie die Tierärztliche Hochschule rangieren ebenso auf Weltniveau. Mehr als 150 Firmen in Hannover befassen sich mit diesen »Life Sciences«. Zudem ist das größte Messegelände der Welt mit 50 Messen im Jahr ausgelastet, wovon die Computermesse CeBIT und die Hannover-Messe die wichtigsten sind. Bei ca. 2,1 Mio. Übernachtungen im Jahr in Hannover und 3,7 Mio. in der gesamten Region hat auch der Tourismus einen hohen Stellenwert. Innerhalb von zehn Jahren verdoppelten sich hier die Übernachtungszahlen.

BEVÖLKERUNG: 86,2 % Deutsche, 13,8 % Ausländer
EINWOHNER: 514 000
FLÄCHE: 204 qkm
INTERNET: www.hannover.de
RELIGION: 35 % evangelisch, 14 % römisch-katholisch, der Rest konfessionslos oder anderer Religion
VERWALTUNG: 13 Stadtbezirke mit 51 Stadtteilen

GESCHICHTE

Gegründet am Knotenpunkt von Handelsstraßen entstand eine schnell wachsende Siedlung am Nordrand der Mittelgebirge. Noch heute spielt die Lage wirtschaftlich eine große Rolle für die Stadt, die sich aber auch mit vielerlei Erfindungen einen Namen machte.

950 Händler schon immer

Markt, Handel und Betriebsamkeit – das prägte Hannover von Anfang an. Am Leineübergang kreuzten sich die **Handelswege**, an der Furt entstanden erste Häuser. Keramikreste und ein Dreibeerenohrring sind die ältesten Spuren dieser Siedlungskerne. Sie wurden am heutigen Marktplatz, in der unteren Burgstraße und an der Aegidienkirche gefunden. Dort taucht in späteren Grenzbeschreibungen der Flurname »Tigislehe« auf. Die Stadt wächst also aus einer Marktsiedlung heraus – und glänzt bis heute als einer der weltgrößten Messestandorte. 1241 erhält Hannover das **Stadtrecht**, seit dieser Zeit ist auch ein Rat nachweisbar.

1526 Das Bier von Broyhan

Der aus dem heutigen Stadtteil Stöcken stammende Brauknecht **Cord Broyhan** erfindet ein helles Bier. Er hatte in Hamburg das Bierbrauen gelernt. Nun war er zurück in seiner Heimatstadt und wandelte das dunkelbraune Bier in helles ab. Er nahm nur ein Drittel Weizen-, aber zwei Drittel Gerstenmalz – neben Wasser, Hopfen und Hefe. Bier war damals »flüssiges Brot«, lagerfähig und ein Grundnahrungsmittel. Das Broyhan-Bier wurde in Hannover zu einem Verkaufserfolg ersten Ranges. Nach einem Haus in der Mühlenstraße in der Altstadt kaufte er sich rasch das später nach ihm benannte Broyhan Haus (Kramerstr. 24) nahe der Markt-

Stadtgründung: Otto das Kind, Herzog zu Braunschweig und Lüneburg, bestätigt in zwei Urkunden das hannoversche Stadtrecht.

Am Leineübergang entstehen erste Siedlungen.

Um 950

1150

1241

In der »Miracula Sancti Bernwardi« des Hildesheimer Bischofs wird ein Mädchen vom Marktort »vicus hanovere« erwähnt – erstmals ist Hannover in einer Urkunde genannt.

kirche. Es ist das zweitälteste, noch erhaltene Fachwerkgebäude der Stadt. Der 1546 erstmals geprägte Broyhan-Taler wurde später das Markenzeichen der Brauergilde. Um 1640 gehörten 317 Grundstücksbesitzer dazu, denn nur wer ein Grundstück in der Altstadt besaß, bekam das Recht zum Bierbrauen. Noch heute ziert das Broyhan-Wappen die 1546 gegründete und bis heute aktive **Gilde Brauerei** (Gebäude Altenbekener Damm/Hildesheimer Str.). Es ist das älteste Unternehmen Hannovers. Heute gehört die Brauerei zur belgisch-brasilianischen Anheuser-Busch InBev, der größten Brauereigruppe der Welt.

1714 Thron an der Themse

123 Jahre regierten Könige aus dem Hause Hannover in London die Briten – 2014 lag der Beginn dieser **Personalunion** 300 Jahre zurück. Dass es dazu kam, lag an einer Abneigung des englischen Parlaments gegen römisch-katholische Thronanwärter. 1701 hatte es diese im Act of Settlement ausgeschlossen. So bekam die in Hannover überaus beliebte **Kurfürstin Sophie** (1630–1714), in der Thronfolge als Enkelin des englischen Königs Jakob I. im eher aussichtslosen Bereich, schlagartig Anspruch auf die Regentschaft. Sie war im holländischen Exil geboren, hatte ins Haus der Welfen eingeheiratet und wohnte mit ihrem Mann Ernst-August im Leineschloss. Ihr fehlten nur wenige Wochen, dann wäre sie tatsächlich Königin von England geworden. Als Königin Anne im August 1714 mit nur 49 Jahren starb, hatte sie zwar 18 Kinder geboren, aber keines erreichte das Erwachsenenalter. Nun schlug die Stunde von Sophies ältestem Sohn Georg Ludwig. Er bestieg am 12. August 1714 als **Georg I.** den englischen Thron und begründete damit die bis 1837 dauernde hannoversch-englische Personalunion.

1778 Alles für die Pferde

König Georg III. rief die Königliche Roß-Arzeney-Schule, die älteste veterinärmedizinische Lehrstätte Deutschlands, ins Leben. Seit 1887 führt sie die Bezeichnung **Tierärztliche Hochschule** und ist heute die renommierteste Universität in diesem Bereich weltweit.

Cord Broyhan wandelt das dunkelbraune Bier Hamburger Art ab und braut fortan helles Bier.

1676

Der Philosoph und Mathematiker Gottfried Wilhelm Leibniz kommt als Bibliothekar und Berater des Hofes nach Hannover.

1526

1636

Hannover wird Residenzstadt: Welfenherzog Georg von Calenberg lässt das Leineschloss bauen (heute Sitz des Landtags).

1714

Kurfürst Georg I. wird in London zum König von Großbritannien gekrönt – die Personalunion mit Hannover beginnt.

Rund 2200 Studenten sind dort eingeschrieben. Ausreichend viele sowie gesunde Pferde waren auch für die englische Kriegführung entscheidend. Gezüchtet wurden die Tiere im **Landgestüt Celle**, das König Georg II. im Jahr 1735 gegründet hatte. Neben der Kavallerie waren auch die Landwirte dankbare Abnehmer der Pferde.

Als Georg III. regierte, befand sich die Welt im Umbruch. Als Söldner der Briten kämpften Deutsche gegen die Unabhängigkeit der Kolonien in Amerika. Es gab Revolutionen und die Neuordnung Europas. Da setzte der König auf eine solide Lehranstalt. 1778 dauerte das Studium ein Jahr, und der Direktor wählte die Studenten persönlich aus.

1866 Preußen übernimmt

Der Abschied war schwer: König Georg V. musste abdanken. Er suchte Exil in Österreich. Auslöser war die Schlacht im sogenannten **Deutschen Krieg** im selben Jahr bei Langensalza im heutigen Thüringen. Dort hatte die Armee des Königreichs Hannover zwar gegen die preußischen Truppen aus Minden und

Hamburg einen Sieg errungen, aber zwei Tage später musste der letzte König von Hannover dennoch kapitulieren. Seine Frau blieb mit den beiden Töchtern noch ein halbes Jahr auf der Marienburg im Süden von Hannover, aber für die Welfen war das Schicksal besiegelt. Jetzt war Preußen am Zug, es annektierte kurzerhand das Königreich. Das **Ende der Welfen** wurde in Hannover noch bis in die 1930er-Jahre alljährlich am 26. und 27. Juni betrauert. Eine Gedenktafel befindet sich heute am Mausoleum im Berggarten.

Auch **Georg V.** blieb in guter Erinnerung. Der in der Kindheit erblindete Herrscher war Komponist von rund 200 Liedern. Die Marienburg lebte erst vor einigen Jahren wieder auf – dank des sechsten **Ernst August**, Prinz von Hannover und Londoner Investmentbanker. Der junge Welfe übernahm das »Neuschwanstein Hannovers« von seinem Vater Ernst August (Gatte Carolines von Monaco), versteigerte das Tafelsilber und restaurierte das schmucke Schloss, das er seit 2012 selbst verwaltet. Es ist nun ein beliebtes Ausflugsziel.

Der Vorläufer der Tierärztlichen Hochschule wird gegründet.

1778

1866

Preußen annektiert das Königreich Hannover, König Georg V. dankt ab.

1914

Erstes Telegramm von Europa in die USA – aus Neustadt bei Hannover.

1914 Der Kaiser funkt

2014 jährte sich der erste Kontakt per **Telegramm** zwischen Europa und den USA zum 100. Mal. Damals war Kaiser Wilhelm II. mit seiner Wagenkolonne bei Neustadt am Rübenberge nördlich von Hannover ins Moor gefahren. Dort stand jener »**Funkenmast**«, über den diese fortschrittliche Verbindung quer über den Atlantik möglich war. Was für ein Meilenstein! Der deutsche Kaiser ließ US-Präsident Woodrow Wilson, der in der Empfangsstation in Tuckertown im US-Staat New Jersey saß, wissen: »Ich betrachte sie (die neue Funkverbindung) als ein weiteres Bindeglied, das unsere beiden Länder zu gegenseitiger Freundschaft und engerem Verkehr zusammenschließen wird.«

Die riesige Antennenanlage um den Hauptmast im Toten Moor hatte beachtliche Ausmaße: 920 m Durchmesser, 260 m Höhe. Es war seinerzeit das höchste Bauwerk Deutschlands.

Überhaupt war die Stadt schon häufiger ganz vorn bei technischen Errungenschaften: 1898 eröffneten die Hannoveraner Emil und Josef Berliner ihre Schallplattenfabrik. **Emil Berliner** gilt als Erfinder der Schallplatte und des Grammofons. 1896 startete der hannoversche Flugpionier **Karl Jatho** seine ersten Versuche mit einem Gleitflieger in der Vahrenwalder Heide. Sein Motordrachen flog allerdings nur in 30 cm Höhe. Die Gebrüder Wright starteten in den USA erst vier Monate später. Sie gelten als eigentliche Wegbereiter der motorbetriebenen Flugzeuge.

1928 Schiffbar bis Peine

Zur Eröffnung der damals größten und modernsten **Binnenschleuse** Europas in Hannover-Anderten kam im Jahr 1928 sogar der Namensgeber Reichspräsident Paul von Hindenburg (1847–1934). Der frühere Generalfeldmarschall lobte die geniale Technik und gab die Strecke bis Peine frei.

Ab dem Beginn des Mittellandkanals bei Hörstel westlich von Osnabrück (Abzweig aus dem Dortmund-Ems-Kanal) bis Anderten – das sind rund 175 km – ist dies die erste Schleuse. Weiter östlich liegt ein Geestrücken, der überwunden werden musste. Zu-

Reichspräsident Paul von Hindenburg eröffnet die Schleuse des Mittellandkanals in Anderten.

Hannover wird Hauptstadt des neu gegründeten Landes Niedersachsen.

1946

1928

1943 Schwere britische Bombenangriffe zerstören das Zentrum zu 85 %.

1947 In Laatzen läuft die erste Exportmesse. Daraus wird die Hannover-Messe, 1986 spaltet sich die CeBIT ab.

sammen mit Eisen, Stahlbeton und Kies wurde so viel Material verbaut, dass es einen Güterzug von 450 km Länge gefüllt hätte – von Hannover bis Heidelberg. Der robuste rote Granit der Schleuse kam von der Insel Helgoland. Heute passieren jährlich rund 22 000 Schiffe die Schleuse. 1916 war bereits der Abschnitt des Mittellandkanals bis Hannover in Betrieb gegangen.

1943 Die Nacht der Bomben

Noch heute werden immer wieder Blindgänger bei Bauarbeiten gefunden. Die Bomben stammen aus dem **Zweiten Weltkrieg** und müssen dann sofort entschärft und beseitigt werden. Die schwersten Angriffe flog die Royal Air Force in der Nacht auf den 9. Oktober 1943. 540 Flugzeuge warfen 1660 t an Brand- und Sprengbomben auf die Stadt. 1245 Menschen fanden dabei den Tod, 250 000 wurden obdachlos. Rund 85 % der Innenstadt wurden zerstört. Eines der Stadtmodelle in der Halle des Neuen Rathauses zeigt die Situation der Trümmer. Die Straßen sind nicht mehr zu erkennen, sondern in dem Modell

mit Draht nachgezogen. Hannover hatte eine Heeresdivision, eine Kriegsschule, aber insbesondere Industriebetriebe. Dazu gehörten die Continental-Werke Vahrenwald, Stöcken und Limmer, wo Gummiteile hergestellt wurden. Das reichte von Gasmasken bis zu Flugzeugreifen. Geschütze und Kettenfahrzeuge produzierte Hanomag in Linden. Es gab zudem Eisenwerke und weitere Maschinenbaubetriebe. Eine Vorgängerfirma der Varta baute ab 1938 in Stöcken Batterien, dann Bleiakkumulatoren für U-Boote sowie Torpedos für die Kriegsmarine. Auch die Raffinerien in Misburg waren ein Angriffsziel.

1946 Niedersachsen entsteht

Der Fläche nach liegt das neu gegründete Bundesland nach Bayern auf Platz zwei. Hannover wurde die Hauptstadt Niedersachsens, die britische Militärregierung verfügte die Neuordnung. Das Bundesland besteht aus dem Gebiet des früheren Königreichs Hannover, dem Großherzogtum Oldenburg, dem Herzogtum Braunschweig sowie dem Fürstentum Schaumburg-Lippe (in

Die erste Weltausstellung Expo in Deutschland beschert Hannover mit dem Motto »Mensch, Natur, Technik« weltweite Beachtung und 153 fröhliche Tage.

1954

96

1972

2000

Der Fußballverein Hannover 96 wird Deutscher Meister.

Herbert Schmalstieg (SPD) wird mit 28 Jahren jüngster Oberbürgermeister in Deutschland und ist bis 2006 im Amt – ein weiterer Rekord.

Bückeburg lebt heute noch ein Prinz). Am 9. Dezember 1946 traf erstmals der Niedersächsische Landtag zusammen. Er war nicht gewählt, sondern von der britischen Besatzungsverwaltung ernannt worden. Am selben Tag wurde **Hinrich Wilhelm Kopf** (SPD) zum Ministerpräsidenten gewählt. Mit Unterbrechung regierte er bis 1961.

Die wichtigsten Probleme neben dem Wiederaufbau waren die große Zahl von Flüchtlingen aus dem Osten sowie der Wohnungsbau. Wirtschaftlich prägend für das Land war der **Volkswagenkonzern** in Wolfsburg, dessen Produktion unter britischer Aufsicht schon 1945 wieder begann. Seit 1949 besitzt das Land einen Anteil am Unternehmen, und bis heute entsendet es zwei Vertreter in den Aufsichtsrat – meist den Ministerpräsidenten Niedersachsens sowie den Wirtschaftsminister des Landes. 1956 ging das VW-Zweigwerk in Hannover-Stöcken in Betrieb, wo seinerzeit schon der VW-Transporter in allen Varianten produziert wurde. Mit rund 12 000 Mitarbeitern ist das Werk der größte Arbeitgeber Hannovers.

2001 Region Hannover – ein einmaliger Kommunalverband

Die 20 Städte und Gemeinden des früheren Landkreises Hannover sowie die bis dahin kreisfreie Stadt Hannover bilden seit dem 1. November 2001 die Region Hannover. Hier leben mehr als 1,1 Mio. Menschen. Der **Kommunalverband** nimmt auch Aufgaben der ehemaligen Bezirksregierung Hannover wahr. Ein Zugewinn an Effizienz entsteht durch die übergeordnete Verwaltung, die viele Aufgaben bündelt. Das ist in dieser Form bundesweit einmalig. Gerade im Bereich Naherholung wurden große Projekte gestartet und für alle sichtbar umgesetzt – von Radwegenetzen bis zur Gartenregion. Dahinter verbirgt sich die Förderung öffentlicher Grünanlagen und ein weites Netz an Parks und Gärten. Das jedes Jahr neu konzipierte Programm (www.gartenregion.de) zieht viele Gäste auch aus der weiteren Umgebung an. Sie erleben die »grünen Orte« in immer neuen Musik- und Theaterinszenierungen. Auch damit wurde die Region bundesweit bekannt.

Stadt und Landkreis schließen sich zur »Region Hannover« zusammen. Zu dem Kommunalverband gehören jetzt 21 Städte und Gemeinden.

2013

Das neu errichtete Schloss Herrenhausen wird eröffnet.

2001

2010

Die »Hannover Scorpions« werden erstmals deutscher Eishockeymeister.

2014

»Als die Royals aus Hannover kamen«: Die Personalunion mit England begann vor 300 Jahren.

SERVICE

Anreise und Ankunft

MIT DEM AUTO

In Hannover kreuzen sich die längste und die am meisten befahrene Autobahn Deutschlands, die A 7 (Flensburg–Füssen) und die A 2 (Ruhrgebiet–Berlin). Im Zentrum sowie in den angrenzenden Stadtteilen gilt eine Umweltzone. Hier dürfen nur Autos mit grüner Feinstaubplakette fahren. Schilder weisen auf die Umweltzone hin. Die Plaketten für 6,40 € sind bei allen amtlichen Prüfstellen, vielen Werkstätten und Zulassungsbehörden erhältlich, in Hannover auch bei den Bürgerämtern, online auf www.tuev-nord.de.

MIT DER BAHN

In Hannover treffen sich fünf ICE- und fünf IC-Linien, darunter die Nord-Süd-Verbindung Hamburg–München und die West-Ost-Strecke Dortmund–Berlin. Der Hauptbahnhof liegt direkt im Zentrum. Auf dem Bahnhofsgelände bietet T-Mobile kostenlos Hotspots an.

MIT DEM BUS

Auf dem Busbahnhof Raschplatz am Hauptbahnhof halten die neueren Fernbuslinien (www.busliniensuche.de).

MIT DEM FLUGZEUG

Der Flughafen Hannover-Langenhagen (HAJ) befindet sich 10 km nördlich vom Zentrum. Die S-Bahn S5 verkehrt von 3.35 bis 1.05 Uhr alle 30 Min. vom Hauptbahnhof dorthin, jeweils 1 Min. später in die entgegengesetzte Richtung. Die Fahrt dauert 18 Min.

Auskunft

IN ÖSTERREICH UND DER SCHWEIZ

Deutsche Zentrale für Tourismus
– Mariahilfer Str. 54 | 1070 Wien | Tel. 01/15 13 27 92 | www.deutschlandtourismus.at
– Freischützgasse 3 | 8001 Zürich | Tel. 0 44/2 13 22 00 | www.deutschlandtourismus.ch

IN HANNOVER

Hannover Marketing und Tourismus 🔖 D 3

Mitte | Ernst-August-Platz 8 | Stadtbahn: Hauptbahnhof | Tel. 1 23 45-111 | www.hannover-tourismus.de | Mo–Fr 9–18, Sa 10–15, So (April–Okt.) 10–15 Uhr

Info-Station im Neuen Rathaus 🔖 D 4

Mitte | Trammplatz 2 | Bus: Rathaus/Osterstraße, Friedrichswall

---

Buchtipps

Die **Literaturtankstelle** in der Buchhandlung Decius stellt jungen Autoren aus Hannover ein Extraregal zur Verfügung. Dazu gibt es eine Bestsellerliste. Der hannoversche Verlag **revonnah** bringt einige der Youngster auf den Markt. Hannover-Krimis gibt es z. B. von **Susanne Mischke**. In **Der Tote vom Maschsee** (Piper, 2010) spielt auch das Grab des Massenmörders Haarmann eine Rolle. In **Ein Bier, ein Wein, ein Mord** (Zu Klampen, 2012) haben sieben Autoren lokale

Kneipen zum Ort ihrer Kurzkrimis gemacht. Mit **Die Tote am Kröpcke** (Emons, 2013) hat Marion Griffits-Karger bereits ihren vierten Hannover-Krimi veröffentlicht.

Gerold, Hänel, Uhlenhut: Die Queen in Hannover. Kanariengelb oder schottenfarbig. Kuriose und witzige Quizfragen und -antworten über Hannover (Verlag Leuenhagen & Paris, 2008).

Karin Feuerstein-Praßer: Sophie von Hannover. Wenn es die Frau Kurfürstin nicht gäbe … (Pustet, 2007) Die Autorin beschreibt anschaulich das bewegte und nicht immer glückliche Leben der Sophie von Hannover (1630–1714).

Michael Narten: Zeitreise durch Hannover. Stadtbilder damals und heute (Leuenhagen & Paris, 2013) Anhand von 92 Bildpaaren wird der Wandel der Stadt aufgezeigt.

Feiertage

1. Januar Neujahr
Karfreitag
Ostersonntag und -montag
1. Mai Tag der Arbeit
Christi Himmelfahrt
Pfingstsonntag und -montag
3. Oktober Tag der Deutschen Einheit
25./26. Dezember Weihnachten

HannoverCard

Die HannoverCard bietet freie Fahrt in den Bussen und Bahnen des gesamten Großraum-Verkehrs Hannover (GVH) und ermöglicht vergünstigten Eintritt bei 50 Partnern, wie etwa in Museen, im Zoo und in den Herrenhäuser Gär-

ten. In einigen Lokalen sind Kaffee oder das Dessert gratis. Ein Tag kostet pro Person 9,50 €, drei Tage schlagen mit 17,50 € zu Buche (Gruppen bis fünf Personen 19,50 €/33,50 €). Erhältlich ist die HannoverCard in der Tourist-Information am Ernst-August-Platz, am Service-Point im Hauptbahnhof, in zahlreichen Hotels sowie online.
www.hannover-tourismus.de

Kartenvorverkauf

Infos und Vorverkauf für Opern- und Schauspielhaus, Ballhof Eins und Zwei an den Kassen im Opern- und Schauspielhaus Mo–Fr 10–19.30, Sa 10–14 Uhr; Tickets auch unter Tel. 99 99 11 11, Mo–Fr 10–18, Sa 10–14 Uhr und online www.staatstheater-hannover.de. Für fast alle freien Theater und die KunstFestSpiele in Herrenhausen erhält man die Karten im Künstlerhaus (Sophienstr. 2, Tel. 16 84 12 22, Mo–Fr 12–18 Uhr, www.vvk-kuenstlerhaus.de).
Tickets für Konzerte, Musicals oder Sportereignisse bei Hannover Tourismus Service (Tel. 16 84 97 20; www.hannover-tourismus.de) oder in Laporte Kartenshops (Üstra-Kundenzentrum, Karmarschstr. 30–32, Tel. 3 63 29 29, in der Galeria Kaufhof am Hauptbahnhof und im Theater am Aegi, Aegidientorplatz 2, www.tickets.haz.de).

Links und Apps

LINKS

www.hannover-tourismus.de
Neben Informationen zu Kultur und Freizeit bietet diese Seite einen umfangreichen Veranstaltungskalender sowie viele Tipps zu Hotels und Restaurants. Auch als App für iPhone, iPad und Android.

www.facebook.com/tourismus.
hannover.de
Aktuelles aus der Stadt.

www.prinz.de
Laufend Informationen über Veranstaltungen, Gastronomie und Lifestyle in Hannover.

www.roterfaden-hannover.de
Interaktiver Stadtrundgang auf dem Roten Faden mit Karte, Luftbildern und Panoramavideo; auch als App.

www.hannoverliebe.de
Hannoveraner zeigen ihre Lieblingsorte, verraten Geheimtipps und erklären, warum sie die Stadt lieben.

APPS

Hotspotfinder Kabel Deutschland
Kabel Deutschland stellt an öffentlichen Plätzen in der City WLAN-Zugänge bereit. 30 Minuten pro Tag sind kostenlos – ohne Registrierung. Wo, das zeigt diese App für iOS und Android.

GVH-Fahrplan-App
Fahrplanauskunft in Echtzeit und Fahrpreise für iOS und Android.

Medizinische Versorgung

KRANKENVERSICHERUNG
Die Vorlage einer Europäischen Krankenversicherungskarte (EHIC) ist ausreichend. Als zusätzlicher Versicherungsschutz empfiehlt sich aber der Abschluss einer Auslandskrankenversicherung, da diese Krankenrücktransporte mitversichert.

KRANKENHAUS
Medizinische Hochschule Hannover
🚩 östl. F 2
Groß-Buchholz | Carl-Neuberg-Str. 1 | S-Bahn: Karl-Wiechert-Allee | Notfallaufnahme 24 Std. | Tel. 5 32 20 52

APOTHEKEN
Apotheken sind im Zentrum in der Regel Mo–Sa von 8–20 Uhr geöffnet. Notdienst unter www.aponet.de oder mit der »Apothekenapp«.

Nebenkosten

1 Tasse Kaffee	2,00 €
1 Bier (0,33 l)	2,50 €
1 Pizza auf die Hand	2,50 €
1 Currywurst	3,00 €
Öffentliche Verkehrsmittel	2,50 €
Mietwagen/Tag	ab 36,00 €

Notruf

Polizei, Feuerwehr, Rettungsdienst
Tel. 112

Post

Briefmarken erhält man in den Postfilialen, z. B. in der Ernst-August-Galerie. Eine Postkarte nach Österreich und in die Schweiz kostet 0,75 €.

Reisedokumente

Österreicher und Schweizer können mit einem gültigen Reisepass oder Personalausweis (Identitätskarte) einreisen. Kinder benötigen ein eigenes Reisedokument.

Schifffahrt

Hannoversche Personenschifffahrt
Fährt auch auf Ihme, Leine und Kanälen. Los geht's ab Spinnereistraße/Leinertbrücke am Üstra-Straßenbahndepot Glocksee.
Tel. 1 40 64 | www.ihme-schifffahrt.de

Maschsee

Von April bis Oktober kreuzen bis zu vier Schiffe auf dem Maschsee, darunter auch ein Solar-Katamaran (▶ S. 51).

Mo–Fr 11–17, Sa, So 11–18, Mitte Mai–Ende Aug. tgl. 10–18 Uhr | Rundfahrt 6 €, erm. 3 € | Fahrkarten an Bord | So 10.30–12.30 Uhr Brunch auf dem See, Tickets hierfür nur im First Reisebüro in der Nordmannpassage 6 (Tel. 70 09 50, www. uestra-reisen.de), So 14.30 Uhr mit Kaffee und Kuchen, ohne Reservierung.

Sicherheit

Wie in jeder Großstadt ist vor Taschendieben und Trickbetrügern zu warnen. Die Zahl der Straftaten ist seit Jahren rückläufig, das liegt auch an der hohen Aufklärungsquote von 61 %. 56 öffentliche Plätze im Stadtgebiet werden mit Videokameras überwacht. Zur Strafverfolgung muss eine Anzeige aufgegeben werden. Für die Innenstadt: Polizeiinspektion Mitte, Herschelstr. 35–36, 30159 Hannover, Tel. 1 09 28 15, www. onlinewache.polizei.niedersachsen.de.

Stadtführungen

Ob Architekturführung, Einblicke in den nicht-öffentlichen Teil des Rathauses, ein Rundgang durch die Altstadt oder eine Stadtrundfahrt: Die Tourist-Info und Stattreisen bieten Themen- und Erlebnisführungen an – auch per Rad und Kanu (www.hannover-tourismus.de, www.stattreisen-hannover.de).

Hop-On Hop-Off

Der Doppeldecker-Panoramabus fährt seit 2013 auf einem Rundkurs zum Erlebniszoo Hannover, zur Apostelkirche, zu den Herrenhäuser Gärten, dem Neuen und Alten Rathaus sowie zum Maschsee-Nordufer. Der Ein- und Ausstieg ist an allen Haltepunkten möglich. Ein Audioguide liefert Informationen und amüsante Anekdoten.

www.hannover.de | Rundfahrt ohne Ausstiege 13 €, Tageskarte 15 € | Tickets an der Tourist-Information oder im Bus | Abfahrt Tourist-Info tgl. 10.30, 12.30, 14.30, Mai–Sept. Sa zusätzlich 11.30, 13.30, 15.30, Mitte April–Okt. auch 16.30 Uhr

Hörspaziergänge

Durch die Waldstation der Eilenriede, über den Klimaschutzpfad zwischen Linden-Nord und der Nordstadt oder durch die Leineaue in Döhren (▶ S. 15) können Sie sich durch die Informationen aus einer Audiodatei führen lassen. Für den Hörspaziergang »Waldstation Eilenriede« (▶ S. 88) lassen sich die entsprechenden Dateien auf ein Musikabspielgerät von der Internetseite www.hannover.de auf das eigene Gerät herunterladen. Vor Ort stehen auch Audioguides bereit.

An den fünf Stationen des 3 km langen »Klimaschutzpfads« zwischen der Nordstadt und Linden-Nord lassen sich die Informationen zudem direkt über QR-Codes auf das Smartphone übertragen. Die mp3-Dateien stehen auch auf www.klimaschutzpfad-hannover.de zur Verfügung. Stationen sind: Wohnhaus Schneiderberg 17, Hauptmensa der Leibniz Uni (Callinstr. 23), Georgengarten, Königsworther Platz, Heizkraftwerk Linden (Spinnereistr. 9).

Der Rote Faden

Anhand einer roten Linie, die in das Straßenpflaster eingelassen ist, führt ein 4,2 km langer Weg zu 36 Sehenswürdigkeiten in der Innenstadt. Die Begleitbroschüre kostet 3 € und ist in der Tourist-Information (▶ S. 148) in zehn Sprachen erhältlich, auch als App. www.roterfaden-hannover.de

Telefon

VORWAHLEN

A, CH ▶ D 00 49
D ▶ A 00 43
D ▶ CH 00 41
Hannover 05 11

Tiere

Hunde und Katzen aus Österreich und der Schweiz benötigen zur Einreise einen EU-Heimtierausweis bzw. einen Schweizer Heimtierausweis (stellt der Tierarzt aus) mit Nachweis einer Tollwutimpfung. Das Tier muss durch einen Mikrochip identifizierbar sein. Für Schweizer Haustiere ist zusätzlich eine Gesundheitsbescheinigung erforderlich, die ebenfalls der Tierarzt ausstellt.

Verkehr

CARSHARING

Quicar ⚑ D 3

200 Golf BlueMotion lassen sich über Carsharing von Volkswagen in der Stadt spontan oder nach Reservierung leihen. Erst online registrieren und dann im Quicar-Shop einen Zugangschip persönlich abholen.

Mitte | Karmarschstr. 40 | Tel. 08 00/11 91 00 | www.quicar.de | Mo–Fr 9–18, Sa 9–16 Uhr | Anmeldegebühr 25 €

FAHRRÄDER

Im Buchhandel bekommt man die Radwege- und Freizeitkarte Hannover. In der Tourist-Information und unter www.hannover.de/Tourismus sind Faltblätter zu sechs Routen erhältlich.
Rund um das Stadtgebiet erstreckt sich der »Grüne Ring« (www.gruener-ring-hannover.de), ein 80 km langer Rad- und Wanderweg abseits der Straßen. Man kann auch mit Bus und Bahn

wieder an den Ausgangspunkt zurückkehren. Ein Buch dazu ist im Handel erhältlich. Detaillierte Informationen unter www.hannover.de.
Auf dem »Julius-Trip-Ring« geht es auf 25 km rund um die City. Maschsee, Herrenhäuser Gärten und die Eilenriede liegen auf dem Weg. Einen Faltplan gibt's bei der Tourist-Information oder auf www.hannover.de/Tourismus.

Call a Bike ⚑ D 3

An der »Call a Bike Station« stehen insgesamt 20 Räder. Nach einmaliger Registrierung (online oder über Tel. 0 70 00/5 22 55 22) kann dort jeder ein Fahrrad mieten. Rückgabe am Bahnhof. Kosten: 8 Ct/Min., max. 15 €/Tag (9 € für Bahncard-Inhaber).

Mitte | Ernst-August-Platz | Stadtbahn: Hauptbahnhof | www.callabike.de

E-Bike ⚑ C 3

In der Region Hannover lassen sich von April bis Oktober für 25 € pro Tag E-Bikes ausleihen. Reservierung empfohlen. Eine Übersicht mit allen Stationen und Akkuwechselpunkten unter www.tourismusregion-hannover.de.

E-Bike Premium-Shop | Mitte | Am Markte 13 | Tel. 37 06 98 74 | www.emotion-technologies.de | ab 25 €/Tag

Fahrradstation am Hauptbahnhof

⚑ D 3

60 Leihräder (darunter auch Kinderräder) werden für 7,50–9,50 € pro Tag vermietet. Zusätzlich stehen 350 bewachte Stellplätze zur Verfügung.

Mitte | Fernroder Str. 2 | Stadtbahn: Hauptbahnhof | Tel. 3 53 96 40 | www.step-hannover.de | Mo–Fr 6–23, Sa, So 8–23 Uhr

Nextbike

80 Räder verteilen sich auf 18 Stationen im Stadtgebiet. Tel. 0 30/69 20 50 46 anrufen und die Nummer des Fahrrades eingeben. Per SMS wird ein Zahlencode zur Öffnung des Schlosses geschickt. Die Rückgabe ist an jeder Station möglich. Bezahlung per Kreditkarte oder Lastschrift, eine einmalige Registrierung telefonisch oder unter www.nextbike.de/hannover ist erforderlich (30 Min. 1 €, 24 Std. 9 €).

ÖFFENTLICHE VERKEHRSMITTEL

Das Tarifgebiet der Region Hannover nennt sich Großraum-Verkehr Hannover (GVH). Die Fahrkarten für diese Region gelten in allen Bussen, Stadtbahnen, S-Bahnen sowie in den Nahverkehrszügen der Deutschen Bahn. Auskünfte unter Tel. 01 80/31 94 49 oder www.efa.de; auch als App für iOS- und Android-Geräte. Fahrkarten, die nur an einem Tag gültig sind, heißen Tickets. Solche, die länger als einen Tag gelten, heißen Cards.

Das Tarifgebiet ist bei den Tickets in drei Zonen unterteilt. Bei den Cards gibt es vier Zonen (hier wurde das Stadtgebiet Hannover in zwei Zonen geteilt). Die Preise richten sich nach der Anzahl der befahrenen Zonen.

Ab zwei Fahrten am Tag lohnt sich bereits ein Tagesticket. Es kostet pro Person für eine Zone 4,90 €, für zwei Zonen 6,20 € und für drei Zonen 7,70 € (Gruppen bis zu fünf Personen oder vier Personen plus ein Hund 9,40 €/11,90 €/14,60 €). Das Kurzstreckenticket für 1,50 € gilt in Stadtbahnen bis zur dritten Haltestelle, in Bussen bis zur fünften. Die Billetts müssen vor Fahrtantritt entwertet werden.

Kinder bis einschließlich fünf Jahren fahren frei. Kinder von 6 bis 14 Jahren zahlen 1,30 €, egal wie weit. Mo–Fr von 8.30–15 sowie 19 Uhr bis Betriebsschluss, am Wochenende ganztags ist die Fahrradmitnahme kostenlos. Bis zu drei Fahrräder können je Fahrzeug mitgeführt werden (soweit Platz).

Bus- und Bahnfahrer bestellen am Abend kostenlos ein Taxi zur gewünschten Haltestelle (gilt Okt.–März ab 20, April–Sept. ab 21 Uhr; nicht in U-Bahnstationen). Für die Taxifahrt ist der normale Fahrpreis zu bezahlen. Frauen, die alleine oder mit Kindern unterwegs sind, erhalten einen Zuschuss von 2,50 € je Fahrt.

Klima (Mittelwerte)

	Januar	Februar	März	April	Mai	Juni	Juli	August	September	Oktober	November	Dezember
Tages-temperatur	3	4	8	13	18	21	22	22	19	14	8	4
Nacht-temperatur	-2	-2	0	3	7	10	12	12	9	6	2	-1
Sonnen-stunden	1	2	3	5	7	7	6	6	5	3	2	1
Regentage pro Monat	11	9	10	10	10	11	10	10	9	9	11	12

Üstra Service Center City ⚑ D3

Mitte | Karmarschstr. 30/32 | Stadtbahn: Kröpcke | Tel. 166 80 | www.uestra.de | Mo–Fr 9.30–20, Sa 9.30–18 Uhr

TAXI

Hallo Taxi

Der Grundpreis beträgt 2,50 € zuzüglich 1,80 € pro Kilometer (1,60 €/km ab 4 km Fahrstrecke).

Tel. 38 11 | www.taxi-hannover.de

My Taxi

Mit Smartphone-App das nächste erreichbare Taxi bestellen und damit auch bezahlen, die Quittung kommt dann per Mail (www.mytaxi.net).

Zeitungen

Die »Hannoversche Allgemeine Zeitung« und die »Neue Presse« sind die beiden Tageszeitungen (www.haz.de und www.neuepresse.de). Die monatlichen Stadtmagazine »Prinz«, »Schädelspalter«, »Stadtkind« und die kostenlose »magascene« listen Partys, Konzerte und Kulturevents auf, außerdem Restaurant- und Einkaufstipps. »Nobilis« und »Quando« widmen sich Lifestyle.

Zoll

Reisende aus Österreich dürfen Waren abgabenfrei mit nach Hause nehmen, wenn diese für den privaten Gebrauch bestimmt sind. Gewisse Richtmengen sollten jedoch nicht überschritten werden (z. B. 800 Zigaretten, 10 kg Kaffee). Weitere Auskünfte unter www.zoll.de und www.bmf.gv.at/zoll.
Reisende aus der Schweiz dürfen Waren im Wert von 300 SFr abgabenfrei mit nach Hause nehmen, wenn diese für den privaten Gebrauch bestimmt sind. Tabakwaren und Alkohol fallen nicht unter diese Wertgrenze und bleiben in gewissen Mengen abgabenfrei (z. B. 200 Zigaretten oder 2 l Wein). Weitere Auskünfte unter www.zoll.ch.

Entfernungen (in Minuten) zwischen wichtigen Sehenswürdigkeiten

	Altstadt	Hauptbahnhof	Herrenhäuser Gärten	Kröpcke	Lindener Berg	Markthalle	Maschsee	Neues Rathaus	Sprengel Museum	Zoo
Altstadt	–	11	45	8	30	5	30	10	15	35
Hauptbahnhof	11	–	45	5	45	12	35	17	21	25
Herrenhäuser Gärten	45	45	–	43	50	45	70	50	55	70
Kröpcke	8	5	43	–	40	7	30	12	16	30
Lindener Berg	30	45	50	40	–	30	40	33	35	60
Markthalle	5	12	45	7	30	–	25	6	10	35
Maschsee	30	35	70	30	40	25	–	6	10	33
Neues Rathaus	10	17	50	12	33	6	6	–	4	35
Sprengel Museum	15	21	55	16	35	10	10	4	–	38
Zoo	35	25	70	30	60	35	33	35	38	–

Tourist Information

Wir sind Ihre erste Anlaufstelle direkt gegenüber dem Haupt-
bahnhof. Bei uns erhalten Sie u.a. Informationen, Stadtpläne,
Tickets für Stadttouren, die HannoverCard, Unterkünfte und
Souvenirs. Wir freuen uns auf Ihren Besuch!
Tourist Information | Ernst-August-Platz 8
Tel.: +49 511 12345-111
E-Mail: info@hannover-tourismus.de
Internet: www.hannover-tourismus.de

Hotels

Wir sind Ihr professioneller Partner bei der Zimmervermittlung
und bieten die kostenlose Vermittlung von Hotelzimmern und
Privatunterkünften in und um Hannover.
Tel.: +49 511 12345-555 | www.hannover.de/hotels
E-Mail: hotels@hannover-tourismus.de

Stadttouren

Wir bieten eine Vielzahl spannender Stadttouren, u.a. die große
Hop-on Hop-off Stadtrundfahrt im Doppeldecker-Panoramabus
an. Entdecken Sie Hannover!
Tel.: +49 511 12345-111 | www.hannover.de/stadttouren
E-Mail: info@hannover-tourismus.de

Immer was los!

Rund ums Jahr lockt Hannover mit einer Fülle von Großveran-
staltungen. Und auch das tägliche Kulturprogramm sowie das
Nachtleben der Stadt haben jede Menge zu bieten!
Tagesaktuelle Infos: www.hannover.de/veranstaltungen
www.hannover.de/buehnen | www.hannover.de/museen

HannoverCard

Die Entdeckerkarte: Genießen Sie freie Fahrt in allen öffentlichen
Verkehrsmitteln des GVH und erhalten Sie bis zu 50% Rabatt bei
rund 50 Partnern!
Tel.: +49 511 12345-111 | www.hannover.de/hannovercard
E-Mail: info@hannover-tourismus.de

Das
Infoportal
für Ihren
Hannover-
Aufenthalt!

Willkommen
in Hannover!

Hannover-Tourismus
Visit Hannover

ORTS- UND SACHREGISTER

Wird ein Begriff mehrfach aufgeführt,
verweist die **fett** gedruckte Zahl auf die Hauptnennung.
Abkürzungen: Hotel [H] · Restaurant [R]

Liebe Leserinnen und Leser,

vielen Dank, dass Sie sich für einen Titel aus unserer Reihe MERIAN *momente* entschieden haben. Wir wünschen Ihnen eine gute Reise. Wenn Sie uns nun von Ihren Lieblingstipps, besonderen Momenten und Entdeckungen berichten möchten, freuen wir uns. Oder haben Sie Wünsche, Anregungen und Korrekturen? Zögern Sie nicht, uns zu schreiben!

Alle Angaben in diesem Reiseführer sind gewissenhaft geprüft. Preise, Öffnungszeiten usw. können sich aber schnell ändern. Für eventuelle Fehler übernimmt der Verlag keine Haftung.

© 2014 TRAVEL HOUSE MEDIA GmbH, München
MERIAN ist eine eingetragene Marke der GANSKE VERLAGSGRUPPE.

TRAVEL HOUSE MEDIA
Postfach 86 03 66
81630 München
merian-momente@travel-house-media.de
www.merian.de

Alle Rechte vorbehalten. Nachdruck, auch auszugsweise, sowie die Verbreitung durch Film, Funk, Fernsehen und Internet, durch fotomechanische Wiedergabe, Tonträger und Datenverarbeitungssysteme jeglicher Art nur mit schriftlicher Genehmigung des Verlages.

BEI INTERESSE AN MASSGESCHNEIDERTEN MERIAN-PRODUKTEN:
Tel. 0 89/4 50 00 99 12
veronica.reisenegger@travel-house-media.de

BEI INTERESSE AN ANZEIGEN:
KV Kommunalverlag GmbH & Co KG
Tel. 0 89/9 28 09 60
info@kommunal-verlag.de

1. Auflage

VERLAGSLEITUNG
Dr. Malva Kemnitz
REDAKTION
Simone Duling
LEKTORAT
Ewald Tange, tangemedia, München
BILDREDAKTION
Susann Jerofsky
SCHLUSSREDAKTION
Andrea Lazarovici
HERSTELLUNG
Bettina Häfele, Katrin Uplegger
SATZ/TECHNISCHE PRODUKTION
Ewald Tange, tangemedia, München
REIHENGESTALTUNG
Independent Medien Design, Horst Moser, München (Innenteil), La Voilà, Marion Blomeyer & Alexandra Rusitschka, München und Leipzig (Coverkonzept)
KARTEN
Gecko-Publishing GmbH für MERIAN-Kartographie
DRUCK UND BINDUNG
Firmengruppe APPL, aprinta Druck, Wemding

Ein Unternehmen der
GANSKE VERLAGSGRUPPE

PEFC/04-32-0928

BILDNACHWEIS
Titelbild (Herrenhäuser Gärten: Galerie im Großen Garten), laif: Martin Kirchner
akg-images 160o | Bernd Schwabe ((CC-BY-SA 3.0)) 74 | Camolini FAIRTRADE/T. Brinkmann 33 | Cella St. Benedikt 52 | C. Wyrwa/HMTG 57r, 64 | Commedia Futura/R. Mohr 83 | Corbis: Arcaid 146r | ddp images: J. Lübcke 128 | dpa picture Alliance: M. Kirchner 2, U. Stamm 112 | Eat the World 50 | Fotolia: ceesHorizon Arts 144l, emmeci74 144r, Georgios Kollidas 143, Speedfighter 145 | Frioli Eismanufaktur 18 | Funky Kitchen 26 | gemeinfrei 142, 146l | H. Mahramzadeh 46 | Hotel Viva Creativo 25 | JAHRESZEITEN VERLAG: D. Borges 115, G. Hänel 20/21, 45, 53, 58, 140, L. Spörl 4/5, 6, 11u, 15, 37, 56u, 91, 96 | K. Johacntges 14 | Kanapee 94 | Kastens Hotel Luisenhof 22 | Kurt16 19 | La Cocina 51 | laif: D. Asbach 38, C. Barckert 70, M. Kirchner 13r, 29, 54/55, 124, 131 | look-foto: K. Johaentges 132/133 | M. Kirchner 12, 16, 42, 86, 116, 118, 121, 137, 138/139 | Museum für Energiegeschichte 13l | Nick Barlo jr. 160u | Oscar's Bar 67 | Privat 56o, 57l | R. Radecke 147 | Shutterstock.com: foto76 30 | Suppenhandlung Hannover: L. Beuko 110 | T. Stankiewicz 106, 135 | Textilgalerie Zimmer/D. Ihle 34 | Tobias Wólki 17 | VISUM: M. Hanke 78 | www.diana-frohmueller.com de 103 | Your Photo Today: Drucke 10

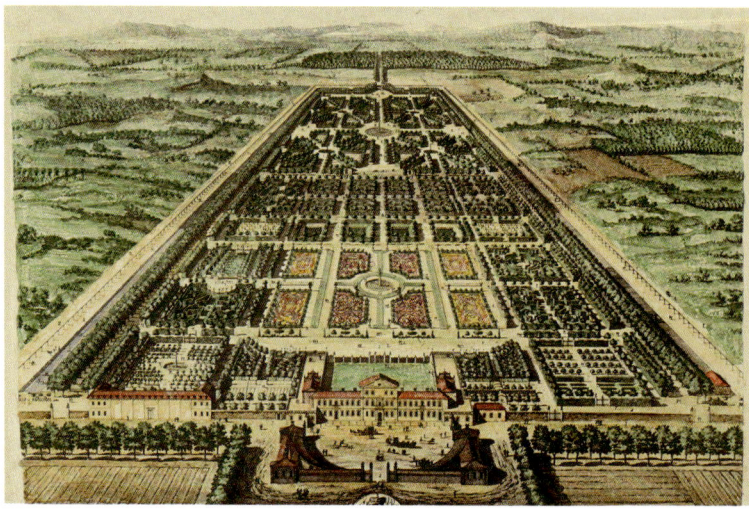

Die **Herrenhäuser Gärten** (▶ MERIAN TopTen, S. 108) sind Kurfürstin Sophie zu verdanken, die sich an Versailles orientierte. Die dreiflügelige Sommerresidenz (oberes Bild unten Mitte) fiel zwar bescheidener aus, aber ab 1676 gewann die Gartenanlage mit Grotte, Labyrinth und Kaskaden an Format. Zu gern lustwandelte Sophie hier mit dem Universalgenie Gottfried Wilhelm Leibniz. Die Pracht hat sich erhalten: Vom wieder aufgebauten Schloss bietet sich heute dieser Blick zur großen Fontäne.